IRISH CELTIC BLESSINGS

Shane Glackin, Catherine Glackin & John Quigley

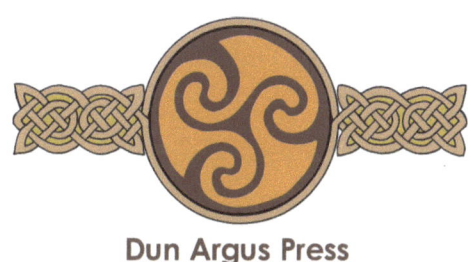

Dun Argus Press

Irish Celtic Blessings
Published by
Dun Argus Press
Inishowen
County Donegal
Ireland
Design and layout: John Quigley

ISBN: 978-0692315552

English text - Shane Glackin, Catherine Glackin & John Quigley
Irish Translations - Catherine Glackin

A percentage of the sale of this publication goes to support
The Ireland Fund Of Great Britain

All images are painted in Acrylic, Pen and Ink.

For more information on Dun Argus Press please visit:
www.dunarguspress.com

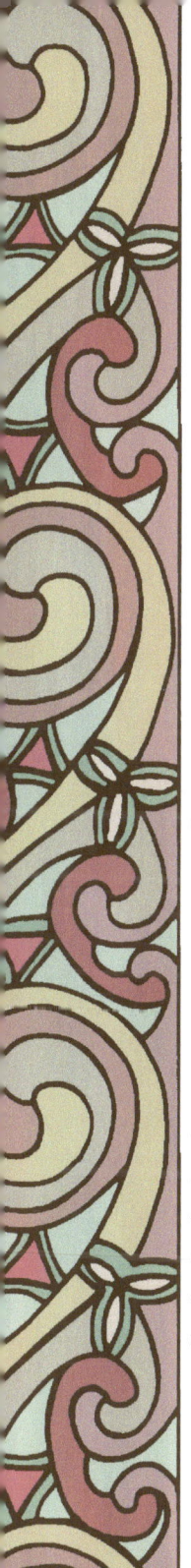

FOREWORD

Is dúshraith ár bhféiniúlacht iad stair, cultúr agus oidhreacht na tíre seo; tugann siad uathúlacht dúinn agus cruthaíonn siad nasc lenár n-áit dhúchais. Tá ról tábhachtach ag an Ghaeilge i ndáil le muid a cheangal leis an stair sin agus baineann sé le hachan uile Éireannach. Tá sé de dhualgas orainn a chinntiú go gcosnaítear ár gcultúr agus go gcoinnítear slán é, ina measc na beannachtaí Gaeilge atá le fáil ar fud na staire, idir bhainiseacha agus fairí, idir achainí agus beannachtaí do shláinte ár bpáistí. Agus an líon mór atá ar imirce ón tír seo chuig gach cearn den chruinne, cuireann an ról agus an tábhacht a bhaineann leis na beannachtaí seo leis an cheangal atá againn lenár dtraidisiún. Cuidíonn an traidisiún sin le daoine ceangal a fhorbairt eatarthu, is cuma cé chomh fada ar shiúl is atá duine ón tír. Ní amháin go bhfuil na léiriúcháin chumhachtacha Cheilteacha atá ar fud an leabhair fíorálainn, ach tá cuspóir iontach tábhachtach acu, mar go gcuireann siad iontas ar an léitheoir agus go mbíonnn urraim aige nó aici do na scéalta atá ar chúl achan bheannacht. Is leabhar ar dóigh é an bailiúchán seo de bheannachtaí, agus is léiriú ionraic ómósach é dár gcultúr agus dár n-oidhreacht.

Our history, culture and heritage are the foundations of our identity; they make us unique and provide each one of us with a sense of where we come from. The Irish language plays an essential role in connecting us to that history and belongs to every Irish person. It is our duty to ensure the protection and integrity of our culture and this includes our Irish blessings, which have been present throughout our history, from weddings and wakes, wishes for plentiful rewards or the health of our children. And with so many of us having emigrated to far corners, the role and importance that these blessings play have only strengthened our sense of tradition. This tradition enables people to connect together, no matter how far someone is from Ireland. The powerful Celtic images throughout the book are not only stunning but serve a very powerful purpose, giving the reader a sense of awe and respect to the history and tales behind each blessing. A wonderful read, this collection of blessings is an honest and respectful representation of our culture and heritage.

Joe McHugh
Aire Stáit do Ghnóthaí Gaeltachta agus Acmhainní Nádúrtha
Minister of State with Special Responsibility for Gaeltacht Affairs and Natural Resources

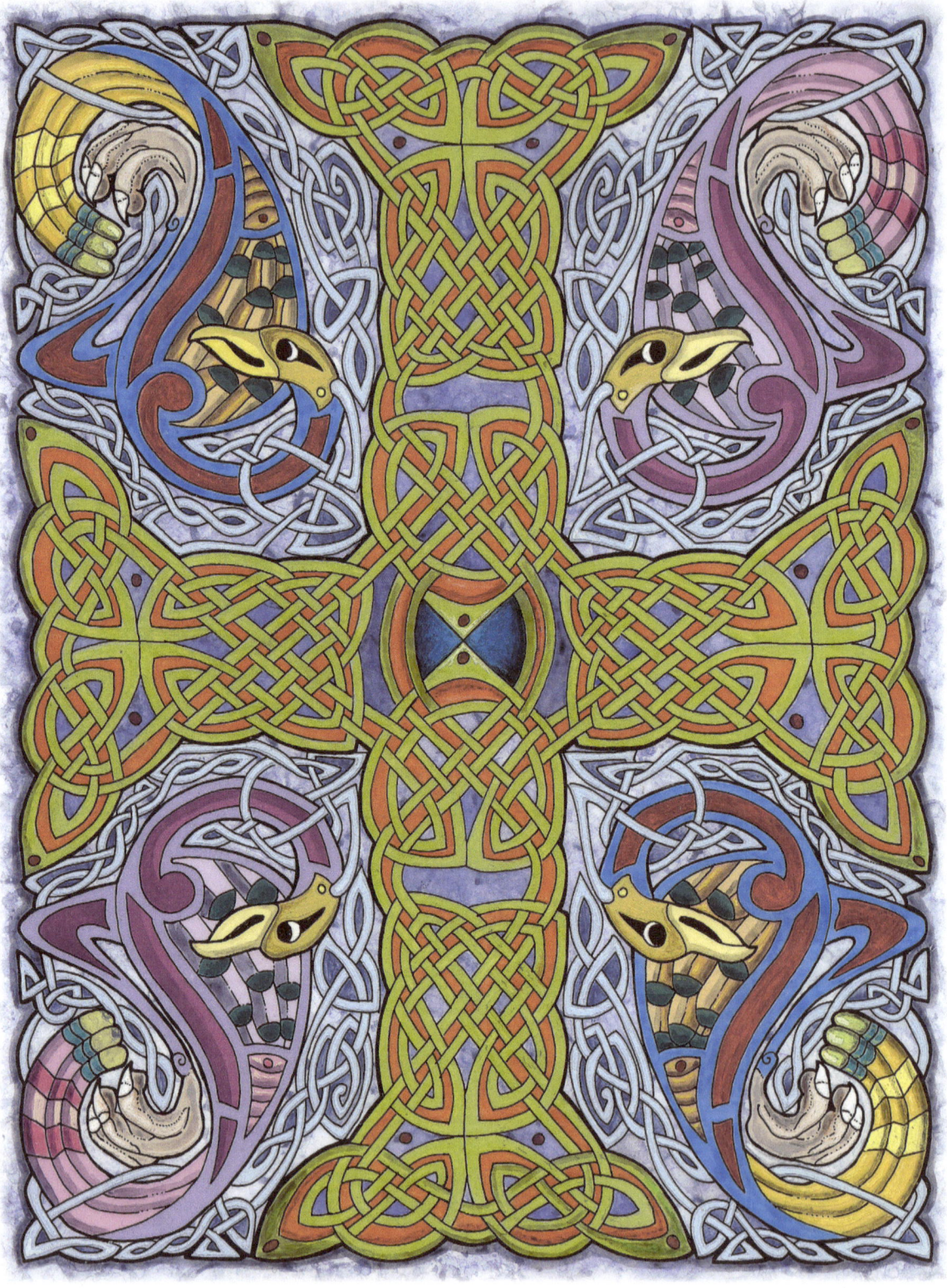

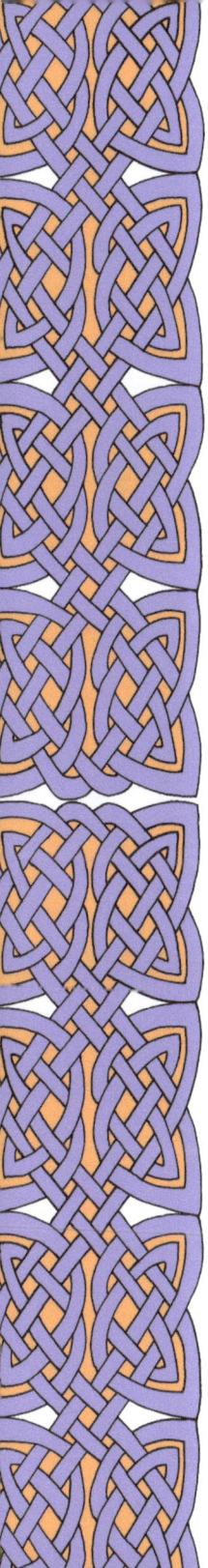
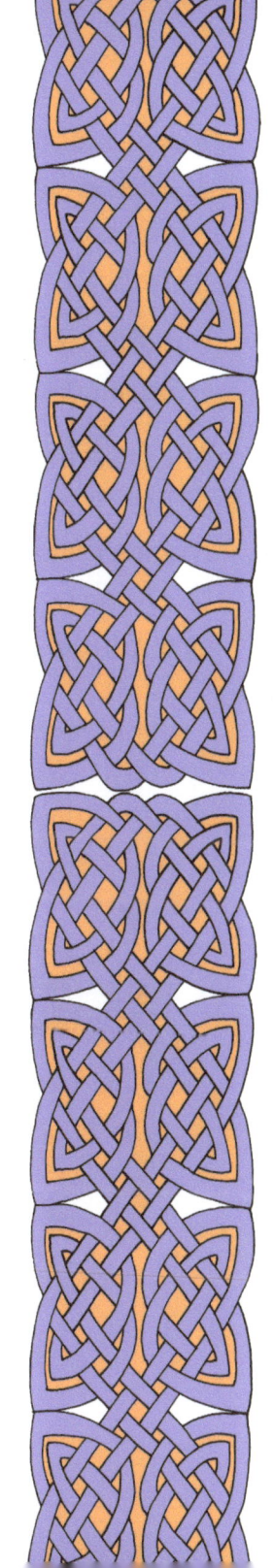

FOREWORD

The Ireland Fund of Great Britain is delighted to be associated with this beautiful work and we thank the creators for choosing us as their charity partner.

The Ireland Fund of Great Britain raises money to make a real difference to those in need and to support Irish culture in Great Britain and also on the island of Ireland.

We identify, monitor, fund and mentor charities and non-profits that promote wellbeing, community and culture, including those that best support Irish communities. We work closely with our donors and sponsors to ensure that our support is channelled in an effective and economic manner. We are a chapter of the Worldwide Ireland Funds, a philanthropic network that supports worthy causes in Ireland and around the world. Our mission is to be the largest network of friends of Ireland dedicated to supporting programs of peace and reconciliation, arts and culture, education and community development throughout the island of Ireland.

Sean Henderson
The Ireland Fund of Great Britain

THE IRELAND FUND OF GREAT BRITAIN

THE ORIGIN OF IRISH BLESSINGS

I rish Blessings are often of anonymous origin without a known reference to the original source, handed down like Irish folklore was from generation to generation - as part of an oral storytelling tradition remembered word for word. It was believed that blessed were those who neither added nor subtracted from these sacred stories .

Blessings were often sent as prayers or a talisman to watch over and protect those who emigrated from Ireland possibly never to return.

The blessings illuminate and reflect on all stages of life's journey from birth to death, from best wishes for the future of a newly wedded couple, the birth of a newborn and numerous other ceremonial occasions and events.

This book of ancient Celtic prayers and blessings portrays the beauty and majesty of the words and wisdom of the Irish Celtic people.

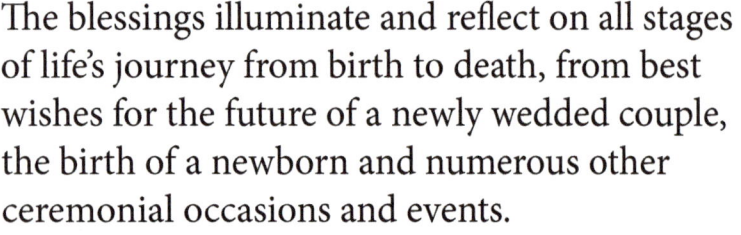

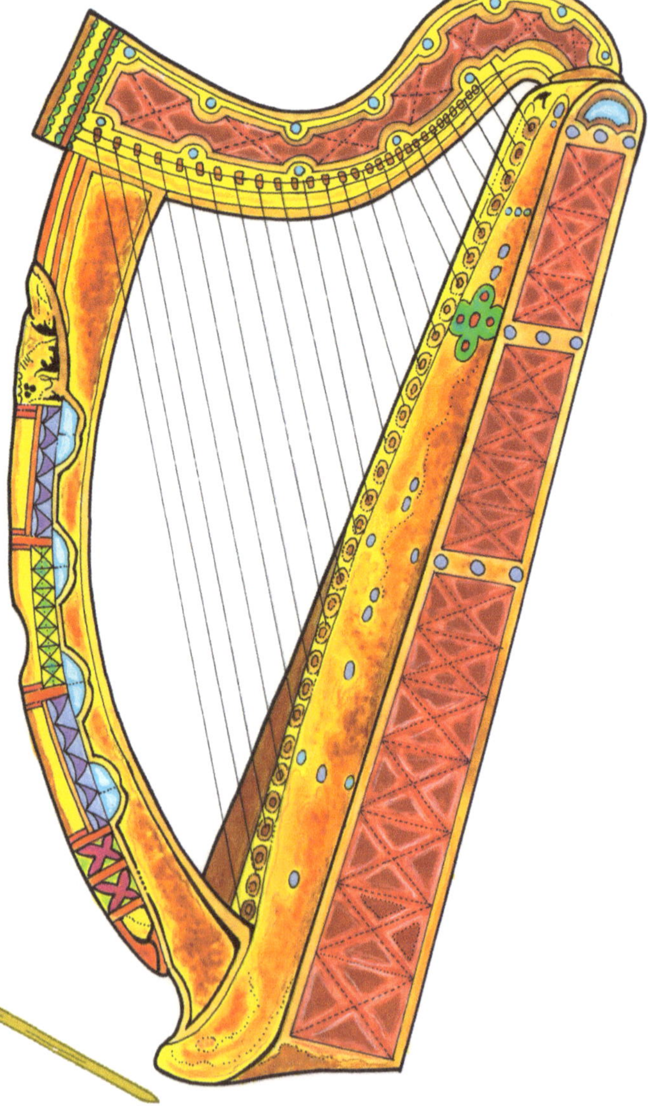

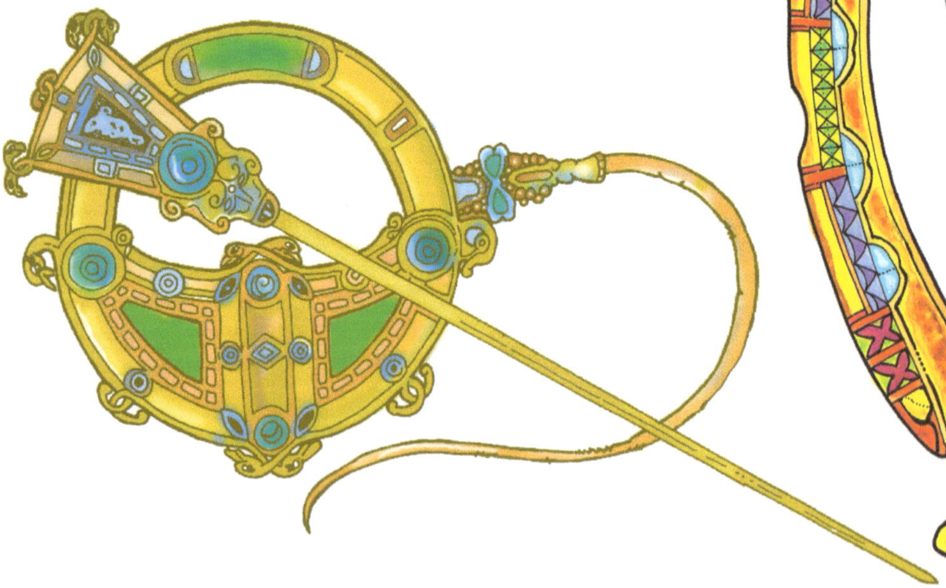

Opposite - Dolmen, Kilclooney, Co. Donegal.

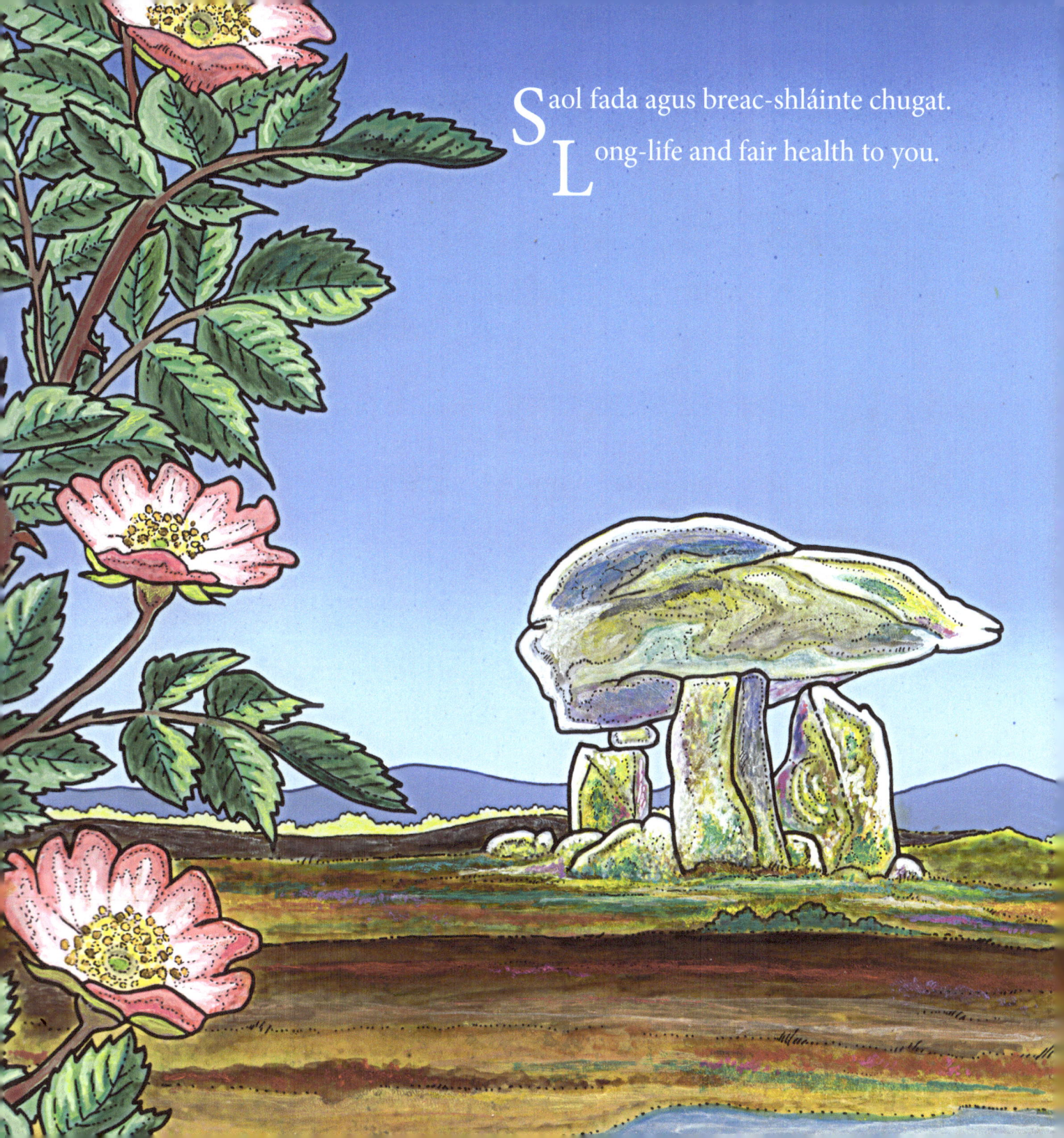

Saol fada agus breac-shláinte chugat.
Long-life and fair health to you.

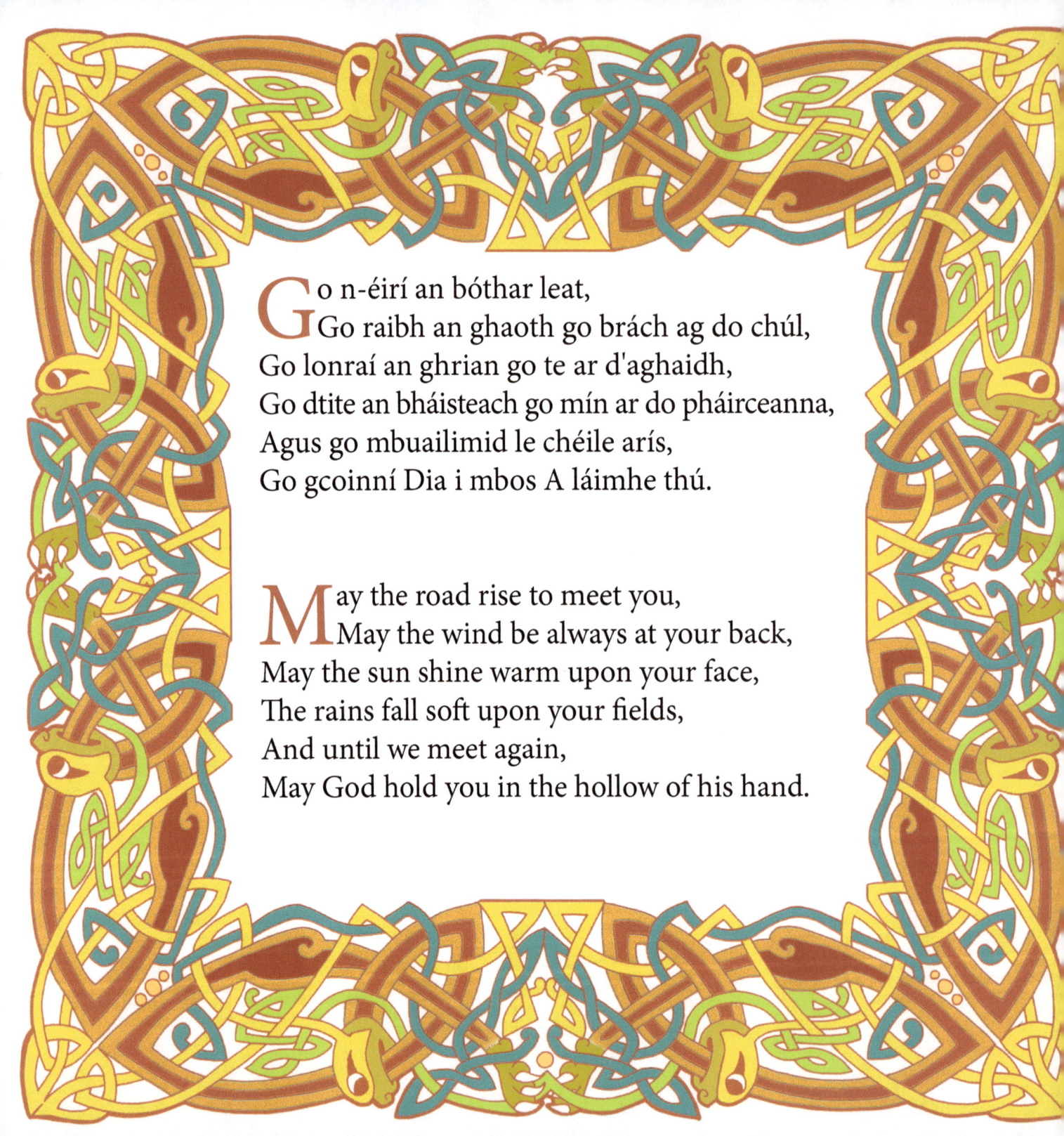

Go n-éirí an bóthar leat,
Go raibh an ghaoth go brách ag do chúl,
Go lonraí an ghrian go te ar d'aghaidh,
Go dtite an bháisteach go mín ar do pháirceanna,
Agus go mbuailimid le chéile arís,
Go gcoinní Dia i mbos A láimhe thú.

May the road rise to meet you,
May the wind be always at your back,
May the sun shine warm upon your face,
The rains fall soft upon your fields,
And until we meet again,
May God hold you in the hollow of his hand.

Cuid oibre le déanamh do do lámha agat,
Cuid airgid le fáil i do sparán agat,
Gathanna gréine trí d'fhuinneog,
Tuar ceatha i ndiaidh gach cith,
Go raibh lámh charad i gcónaí gar duit,
's go líona Dia do chroí le gliondar.

May there always be work for your hands to do.
May your purse always hold a coin or two.
May the sun always shine upon your window pane.
May a rainbow be certain to follow each rain.
May the hand of a friend always be near to you and
May God fill your heart with gladness to cheer you.

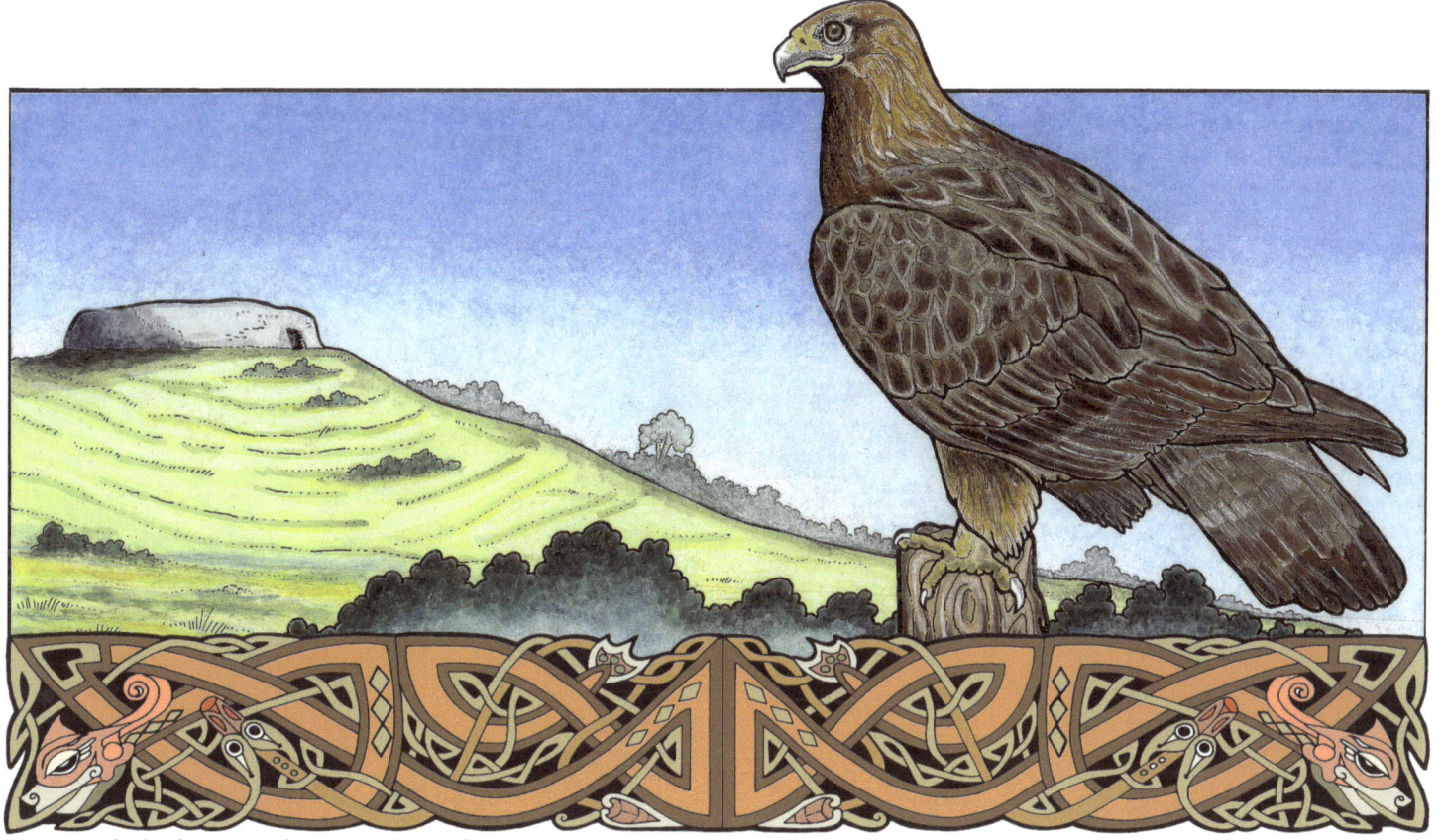

Grianán of Aileach, Burt, Inishowen, Co. Donegal.

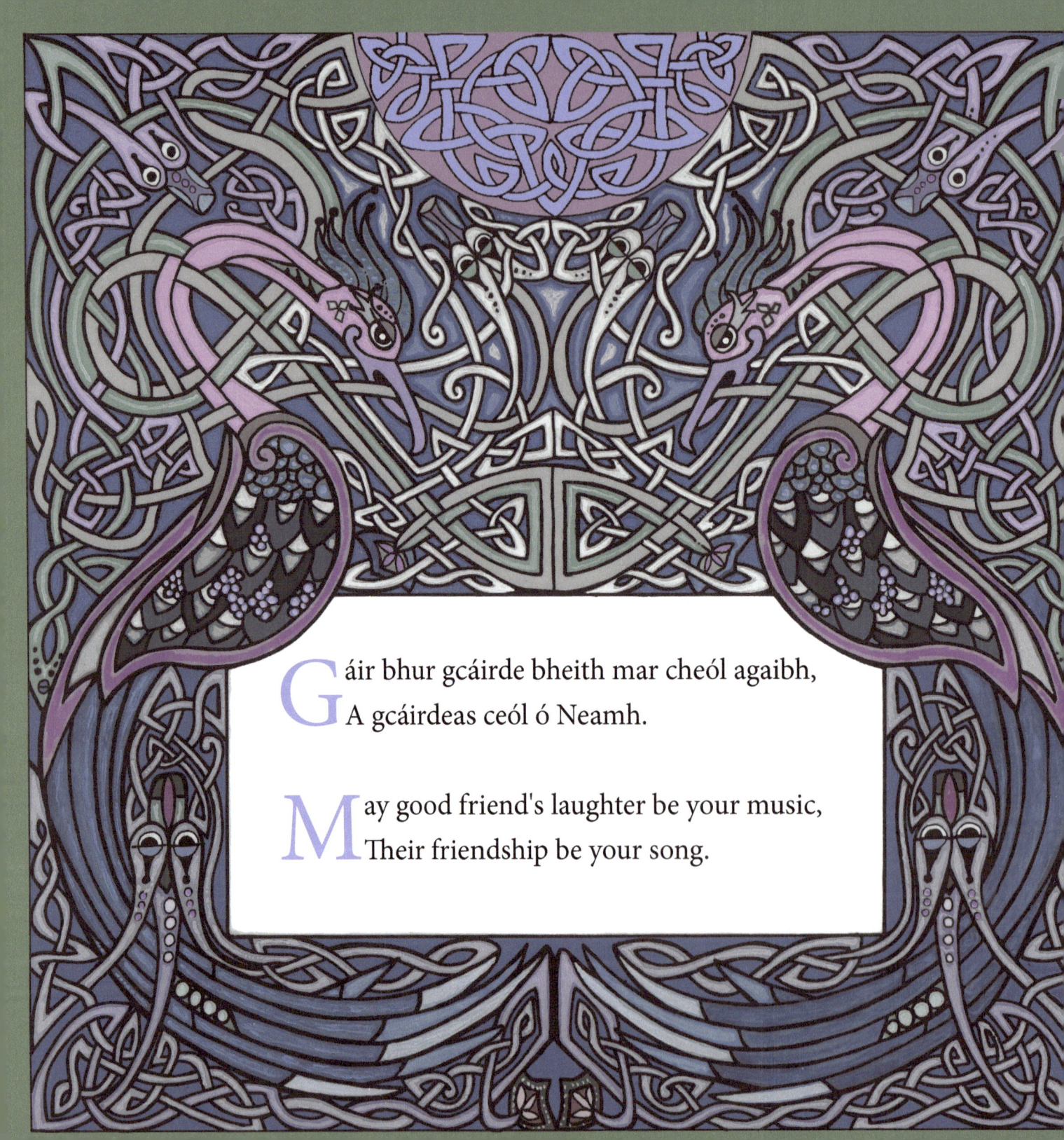

Gáir bhur gcáirde bheith mar cheól agaibh,
A gcáirdeas ceól ó Neamh.

May good friend's laughter be your music,
Their friendship be your song.

Go gcloise tú í gcónaí in am do bhróin féin,
bíog chaoin na fuiseoga.

May you always hear, even in your time of
sorrow, the gentle singing of the lark.

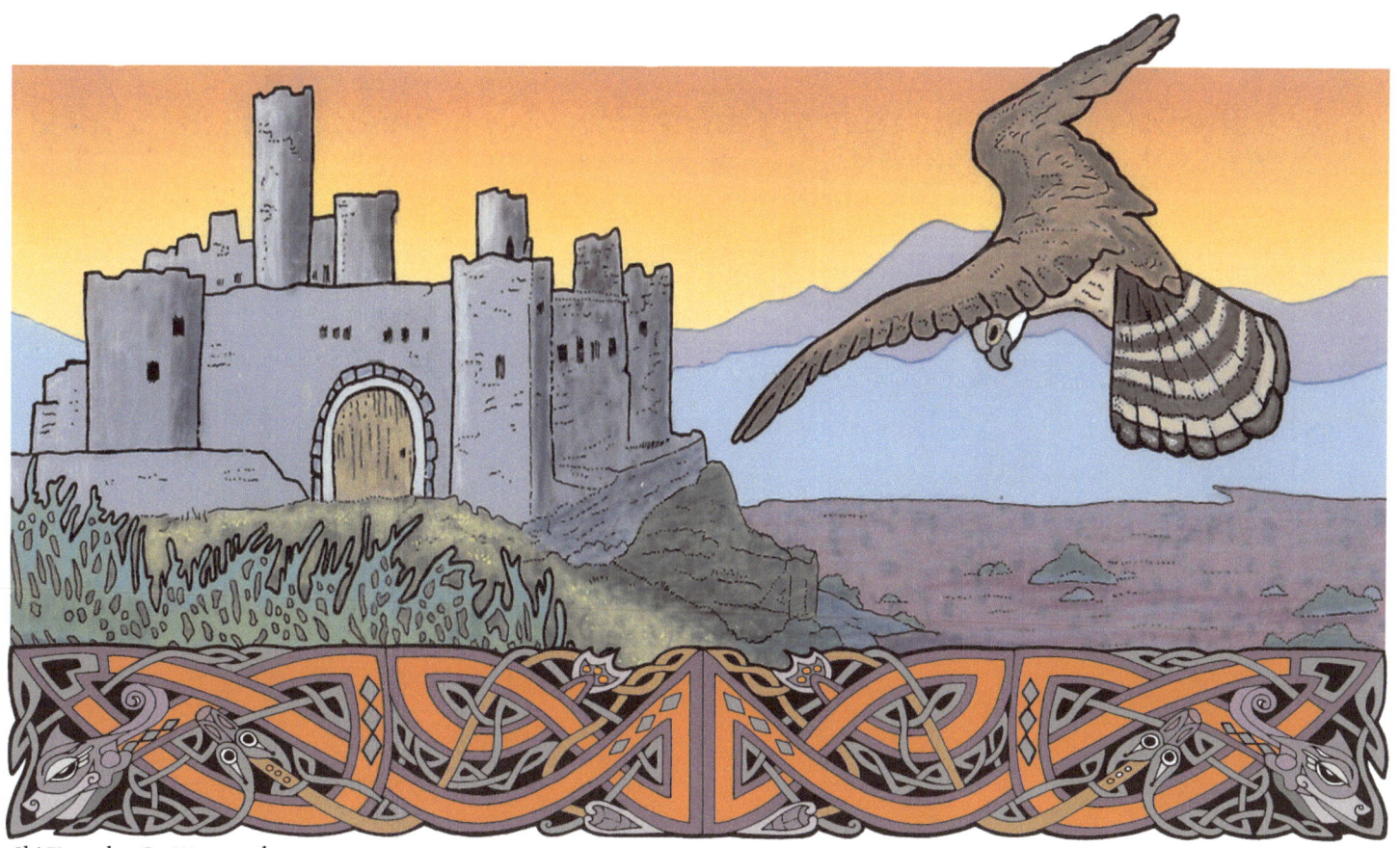

Shí Fiannaha, Co. Westmeath.

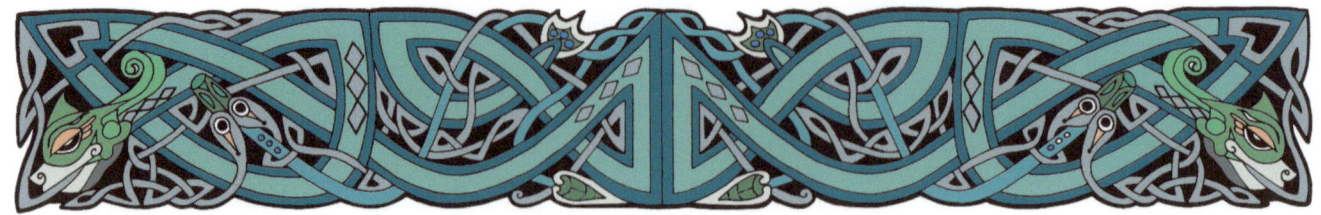

I wish you not a path devoid of clouds,
Or a life on a bed of roses.
Or, that you might never need regret,
Or that you should never feel pain.

No, this is not my wish for you. My wish for you is:
That you might be brave in times of trial
When others lay crosses upon your shoulders.
When mountains must be climbed and chasms crossed,
When hope scarce shines through.
When every gift God gave you might grow along with you,
And let you give the gift of joy to all who care for you.

That you might always have a friend who is worth that name.
Whom you can trust.
And hope will be, in times of sadness,
Who will defy the storms of life by your side.

One more wish for you:
That in every hour of joy and pain, you may be close to God.
This is my wish for you and those who are close to you.
This is my hope for you, now and forever.

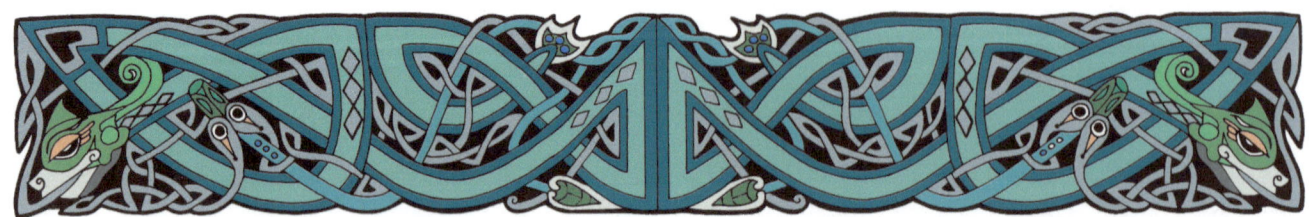

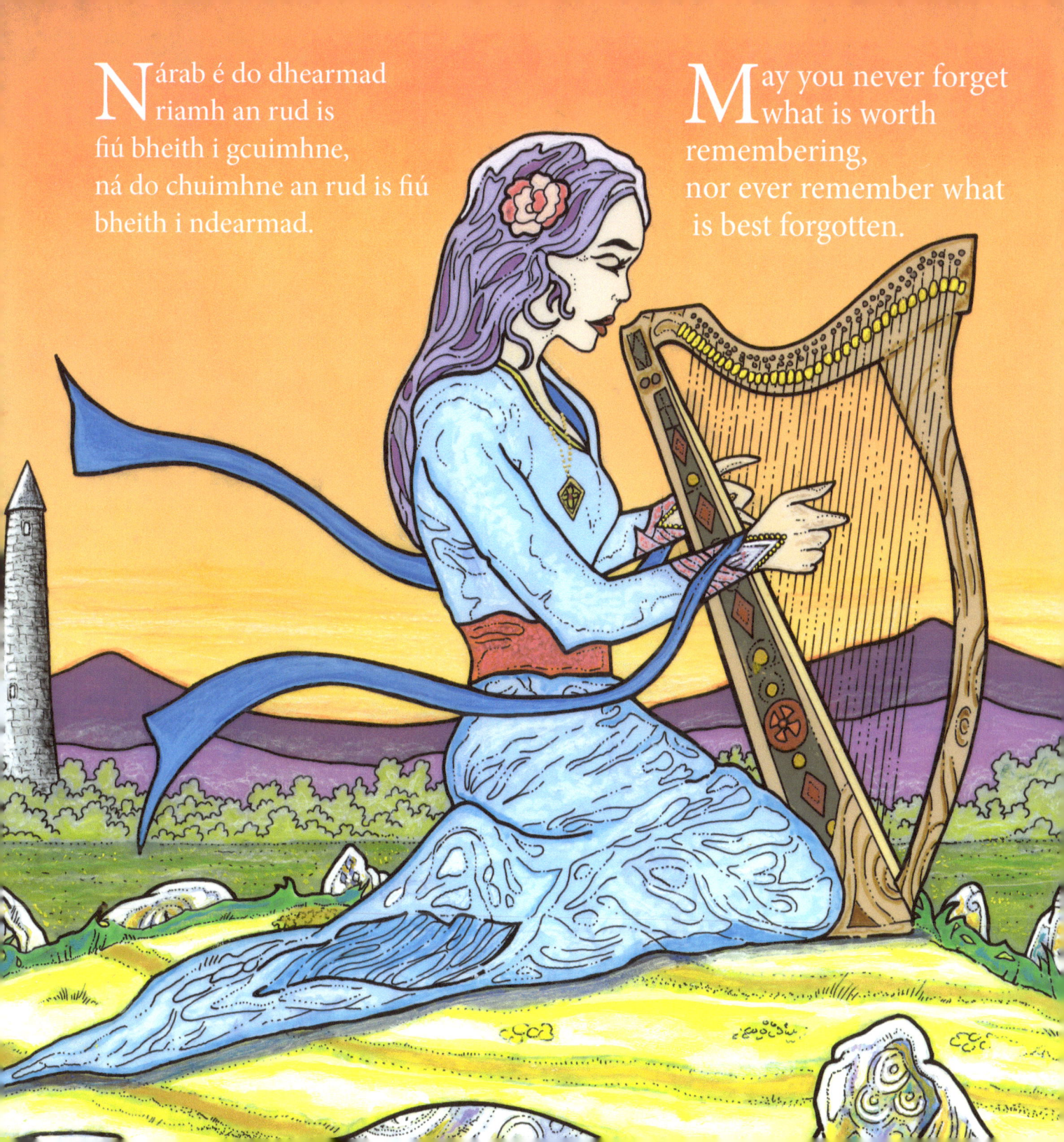

Nárab é do dhearmad
riamh an rud is
fiú bheith i gcuimhne,
ná do chuimhne an rud is fiú
bheith i ndearmad.

May you never forget
what is worth
remembering,
nor ever remember what
is best forgotten.

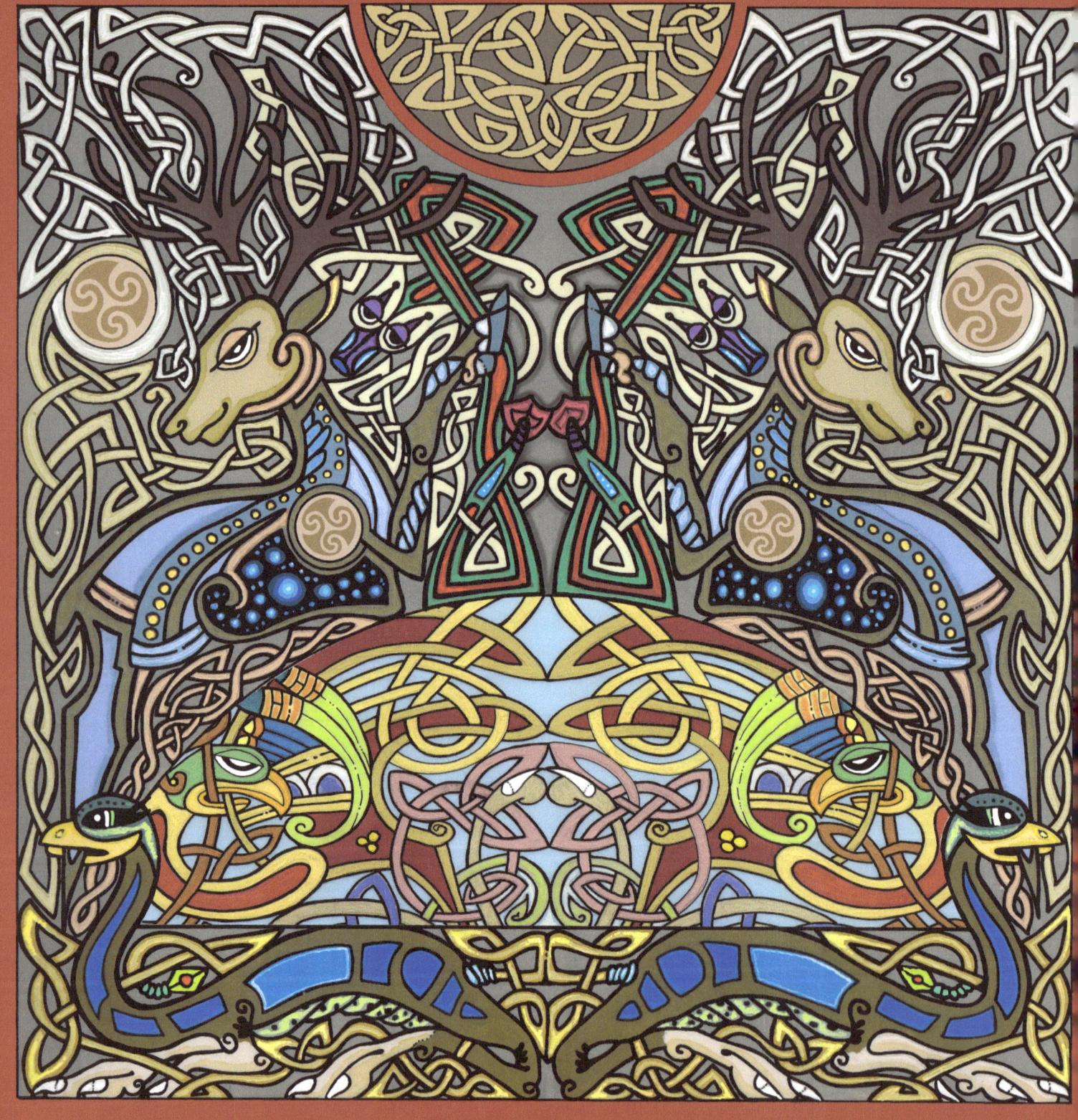

Faid ar do shaol agus laethanta gealais.
Saol gan chúmha gan chor chugat,
Duartan áthais chugat,
Nár bhuaile crá, ciapadh,
ná caisliúirigh thú, ná do chlann.
Súchas gan dúbhachas ort.
Gaoth an tsonais chugat.

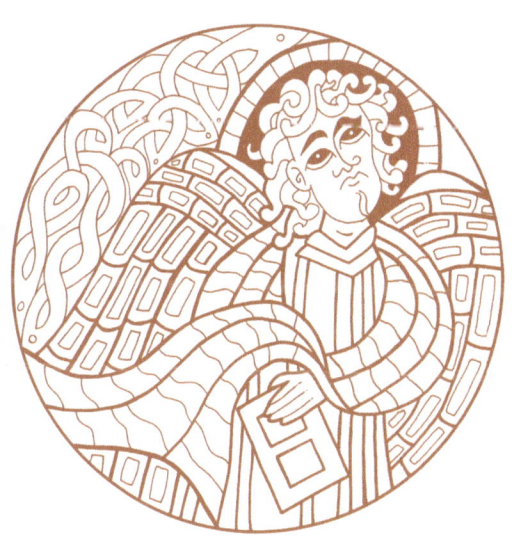

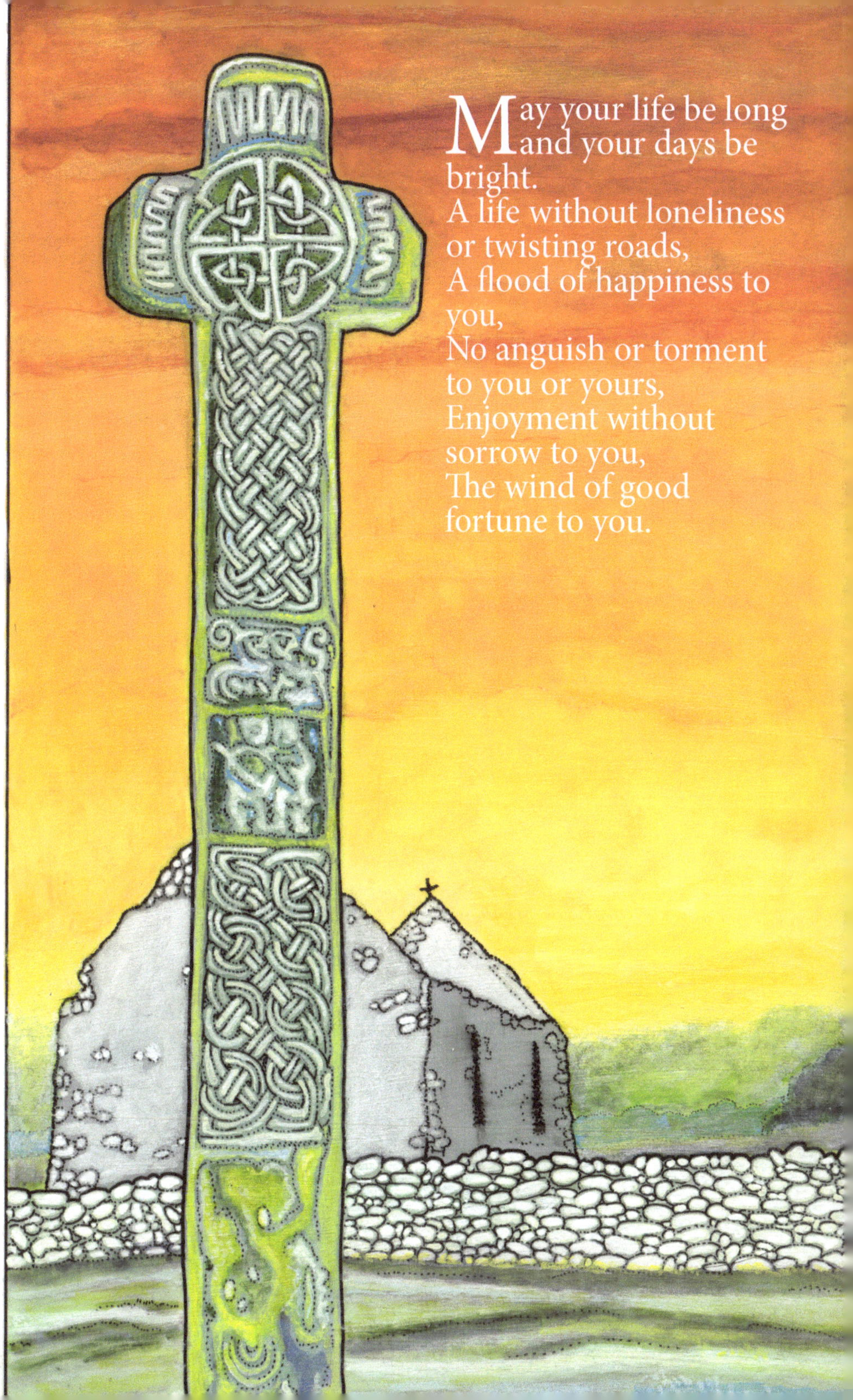

Cloncha Cross, Culdaff, Inishowen, Co. Donegal.

May your life be long and your days be bright.
A life without loneliness or twisting roads,
A flood of happiness to you,
No anguish or torment to you or yours,
Enjoyment without sorrow to you,
The wind of good fortune to you.

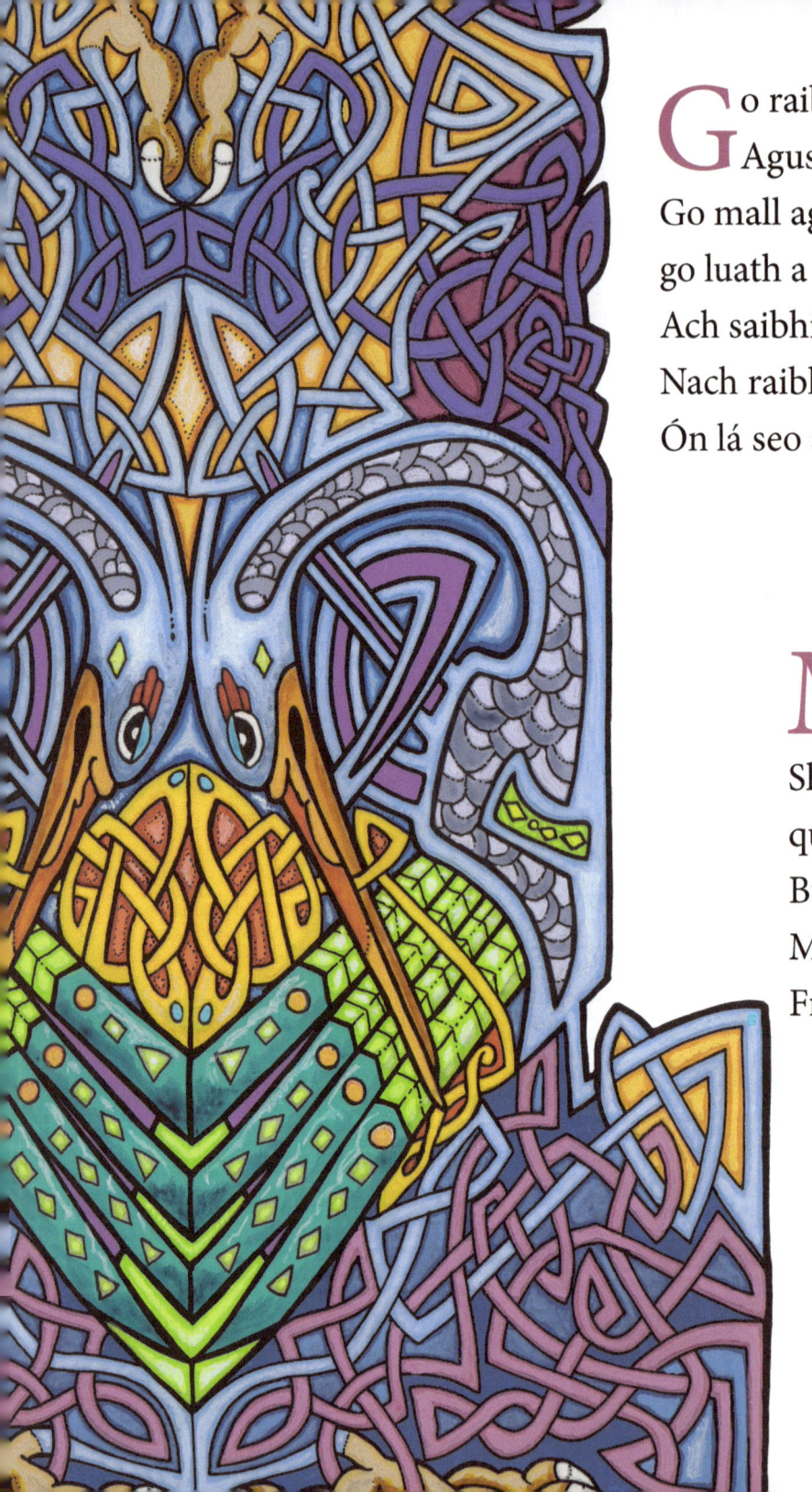

Go raibh tú daibhir i mí-ádh
Agus saibhir i mbeannachtaí,
Go mall ag déanamh namhaid,
go luath a déanamh carad,
Ach saibhir nó daibhir, go mall nó go luath,
Nach raibh ach áthas agat
Ón lá seo amach.

May you be poor in misfortune,
Rich in blessings,
Slow to make enemies,
quick to make friends,
But rich or poor, quick or slow,
May you know nothing but happiness
From this day forward.

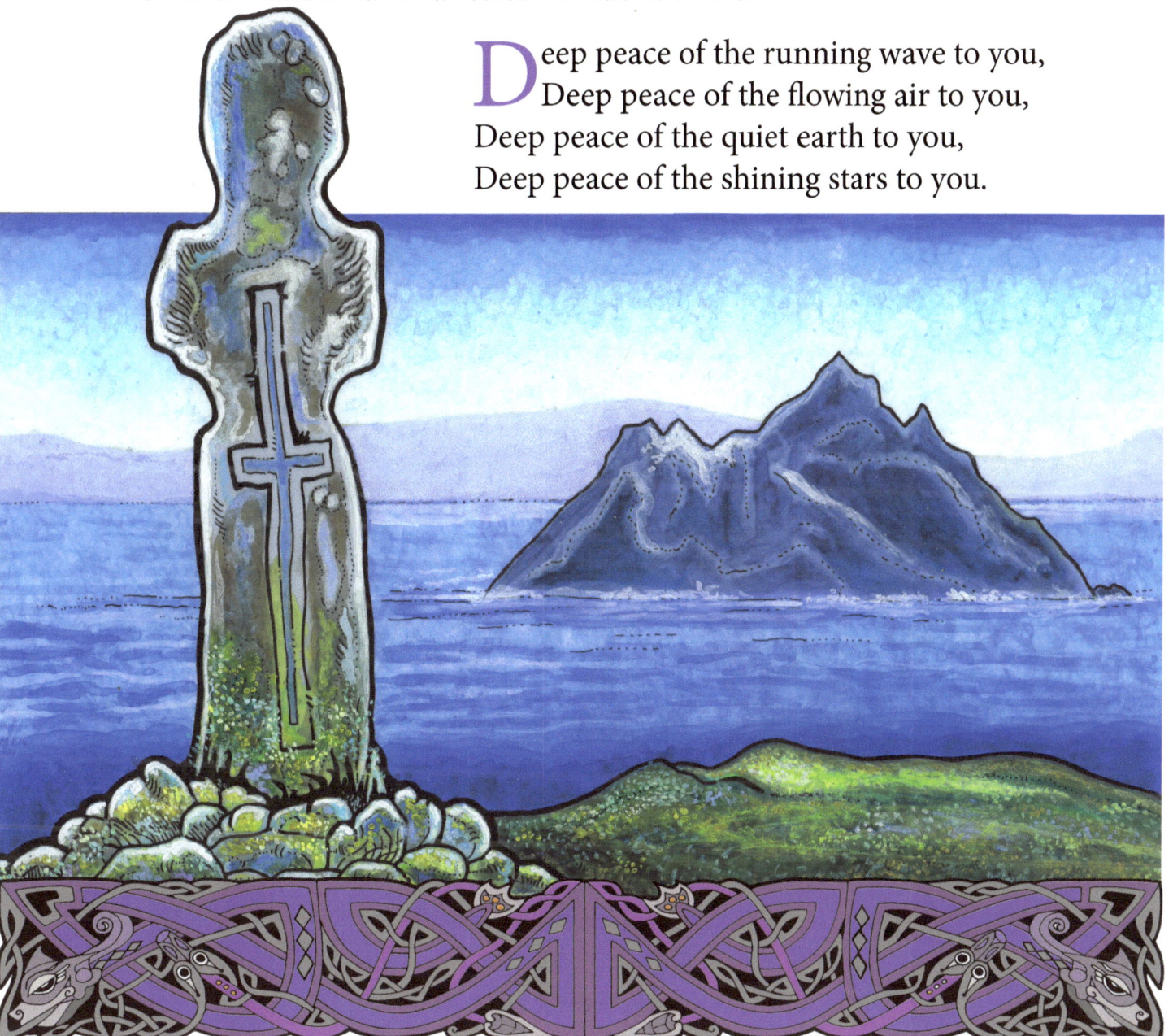

Síocháin dhomhain na toinne reatha dhuit,
Síocháin dhomhain an aeir shíltigh dhuit,
Síocháin dhomhain na talún ciúine dhuit,
Síocháin dhomhain na réaltaí lonracha dhuit.

Deep peace of the running wave to you,
Deep peace of the flowing air to you,
Deep peace of the quiet earth to you,
Deep peace of the shining stars to you.

Skellig Michael, Co. Kerry.

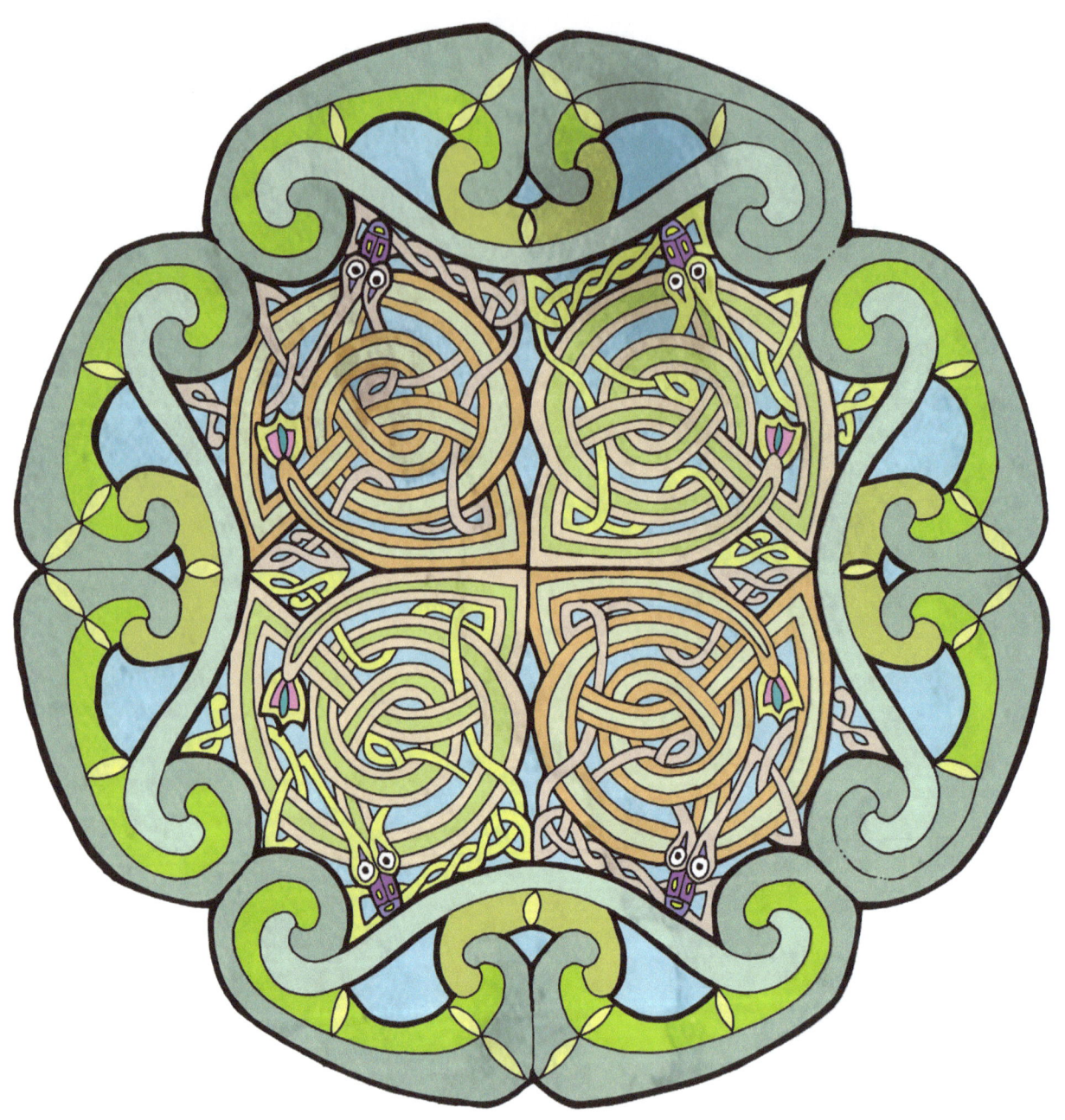

Meas na gcomharsan duit,
neamart na mbuarthaí duit,
cumhdach na n-aingeal duit,
agus fáilte ar Neamh duit.

May your neighbours respect you,
trouble neglect you,
the angels protect you,
and heaven accept you.

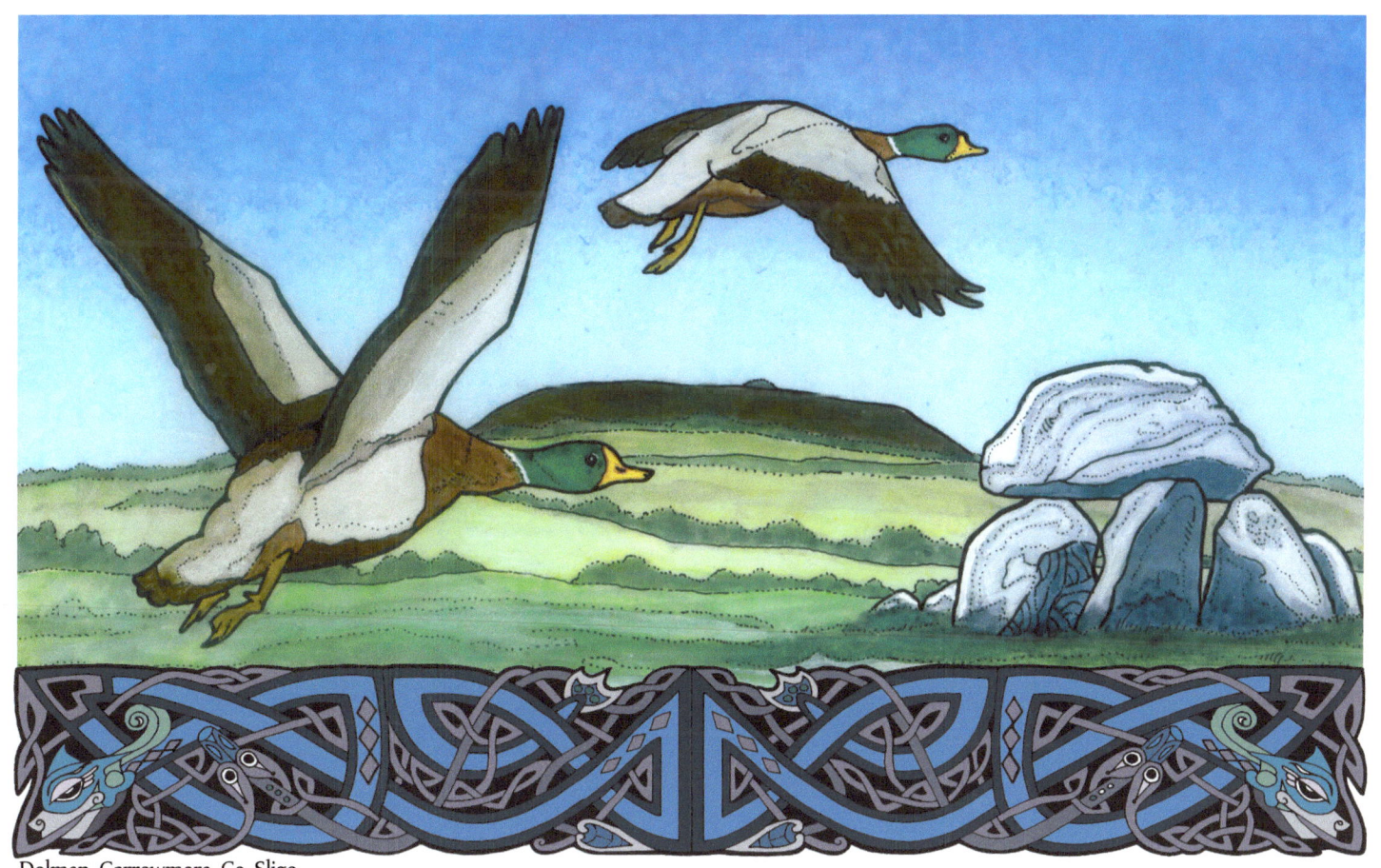

Dolmen, Carrowmore, Co. Sligo.

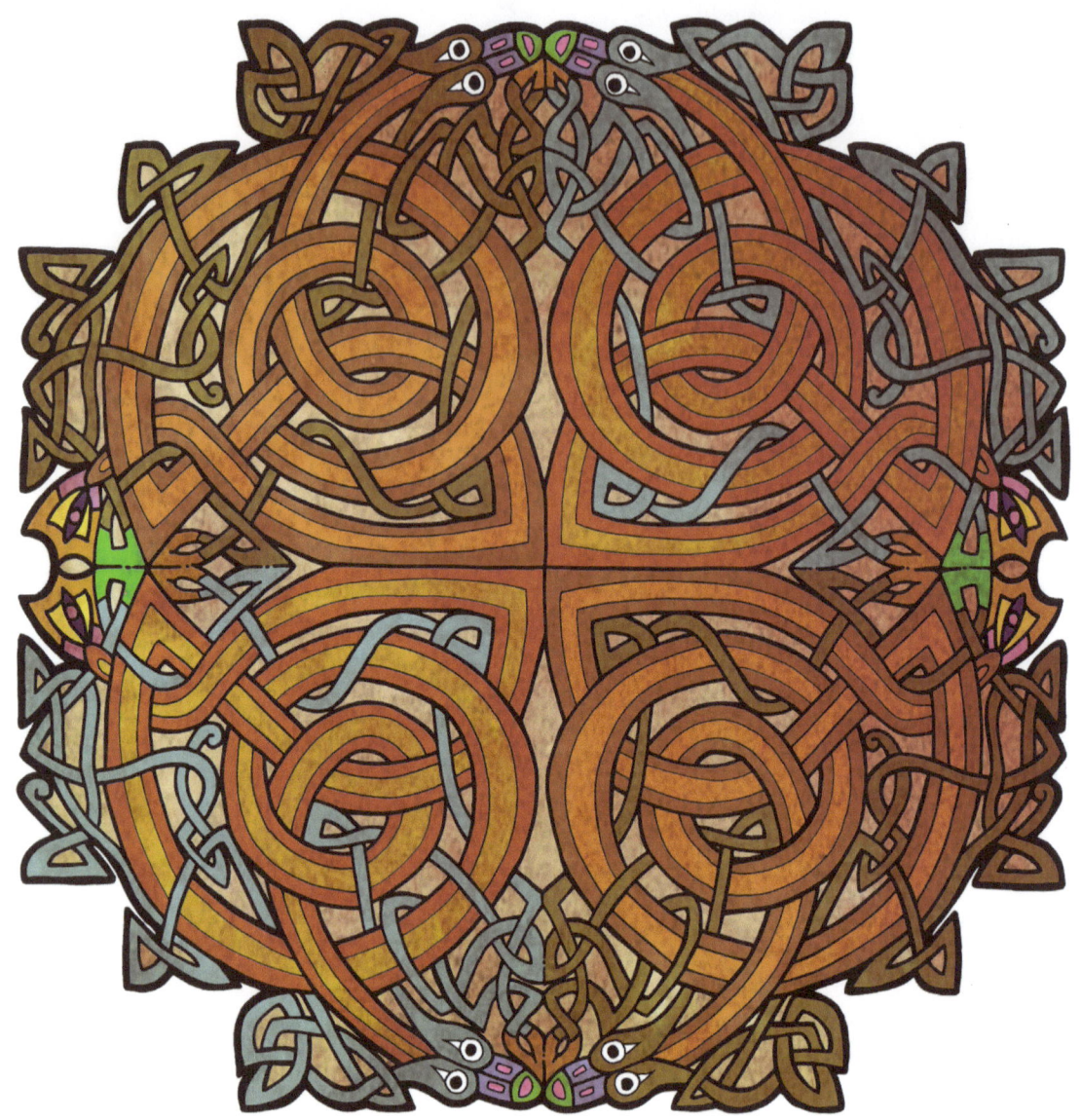

Go raibh fuíoll an tsaoil mar bharr an tsaoil
Gan éagóir ó aon neach.
Gáir bhur bpáistí bheith mar cheól agaibh
A bfhás buan ceól ó Neamh.
Le teacht an t-am chun sibhse imeacht
Le h-éileamh ama riamh go deo
Dia libh dís ag imeacht mo chairde
'S an bheannacht seo libh fad bheo.

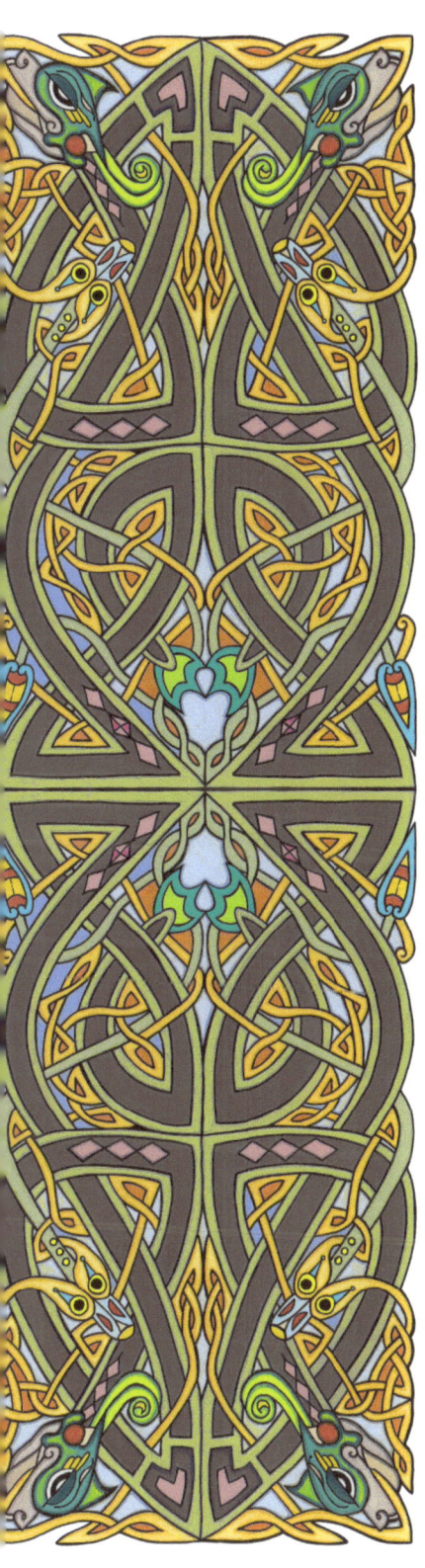

May the rest of life be the best of life
And no one do you wrong.
May your children's laughter be your music,
Their growing be your song.
And when the time says you must part
As time will always do
May God go with you both my friends
And this blessing stay with you.

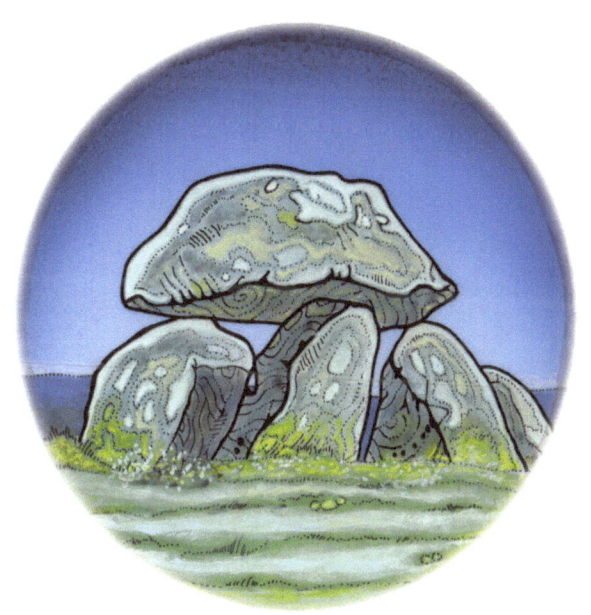

Dolmen, Carrowmore, Co. Sligo.

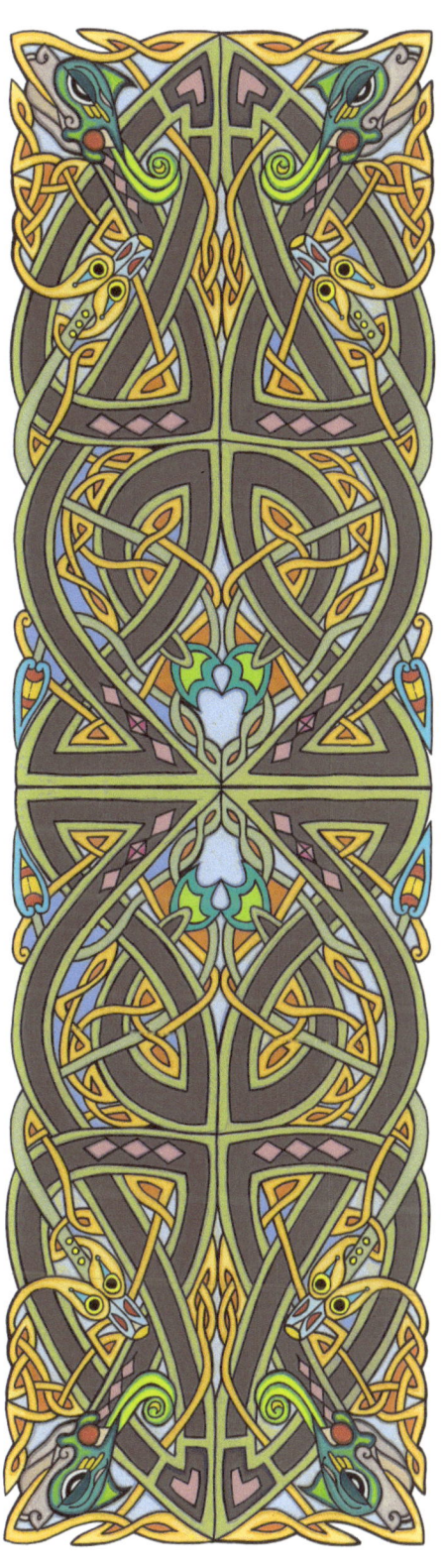

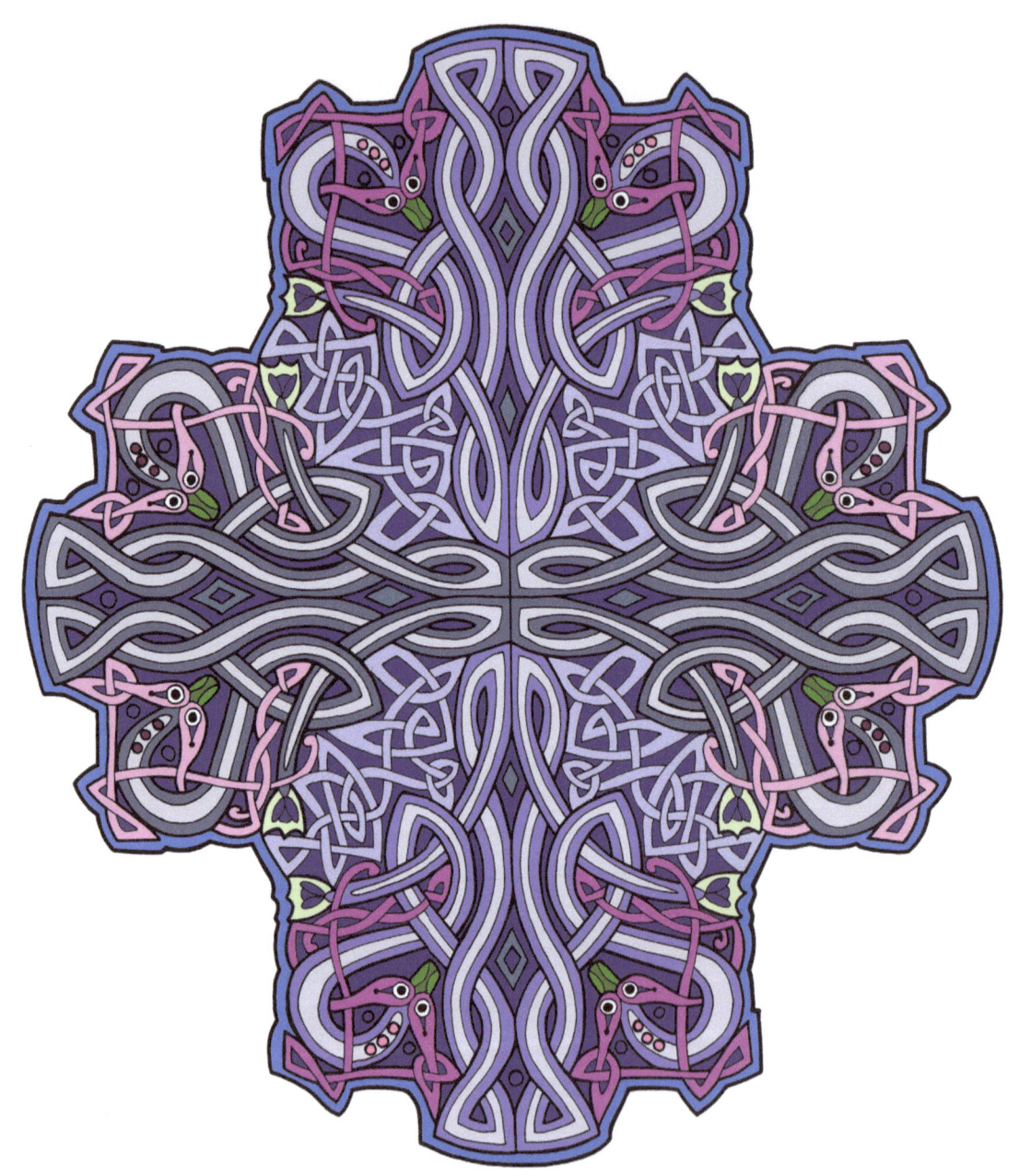

Go raibh grá agus áthas um an bheirt agaibh.
Go ndéana sástacht ghlas ar bhur ndoras,
Go raibh gliondar oraibh anois,
Agus go mbeannaí Dia sibh go deo.

May joy and peace surround you both,
Contentment latch your door,
And happiness be with you now
And God bless you evermore.

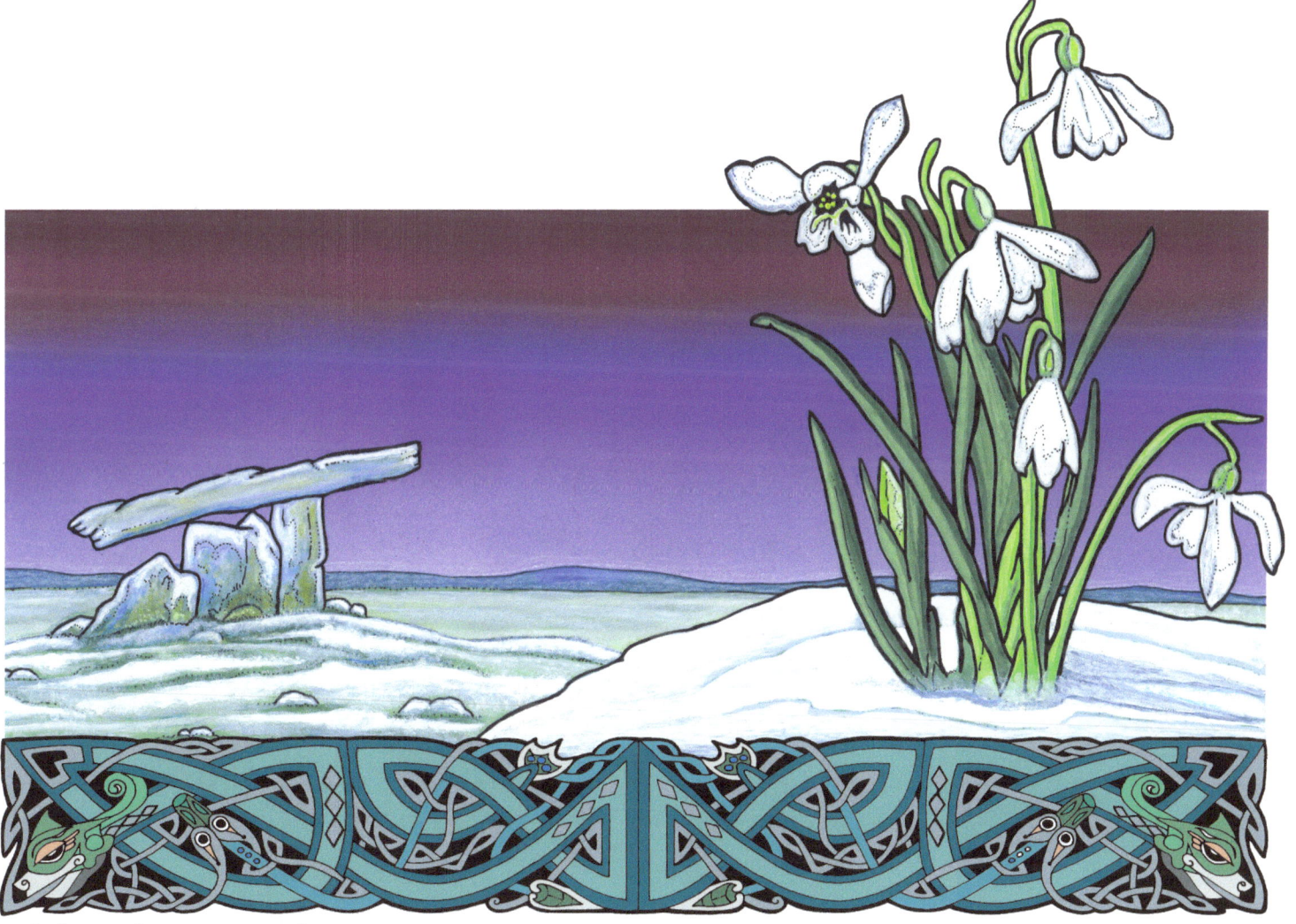

Poulnabrone Dolmen, Burren, Co. Clare.

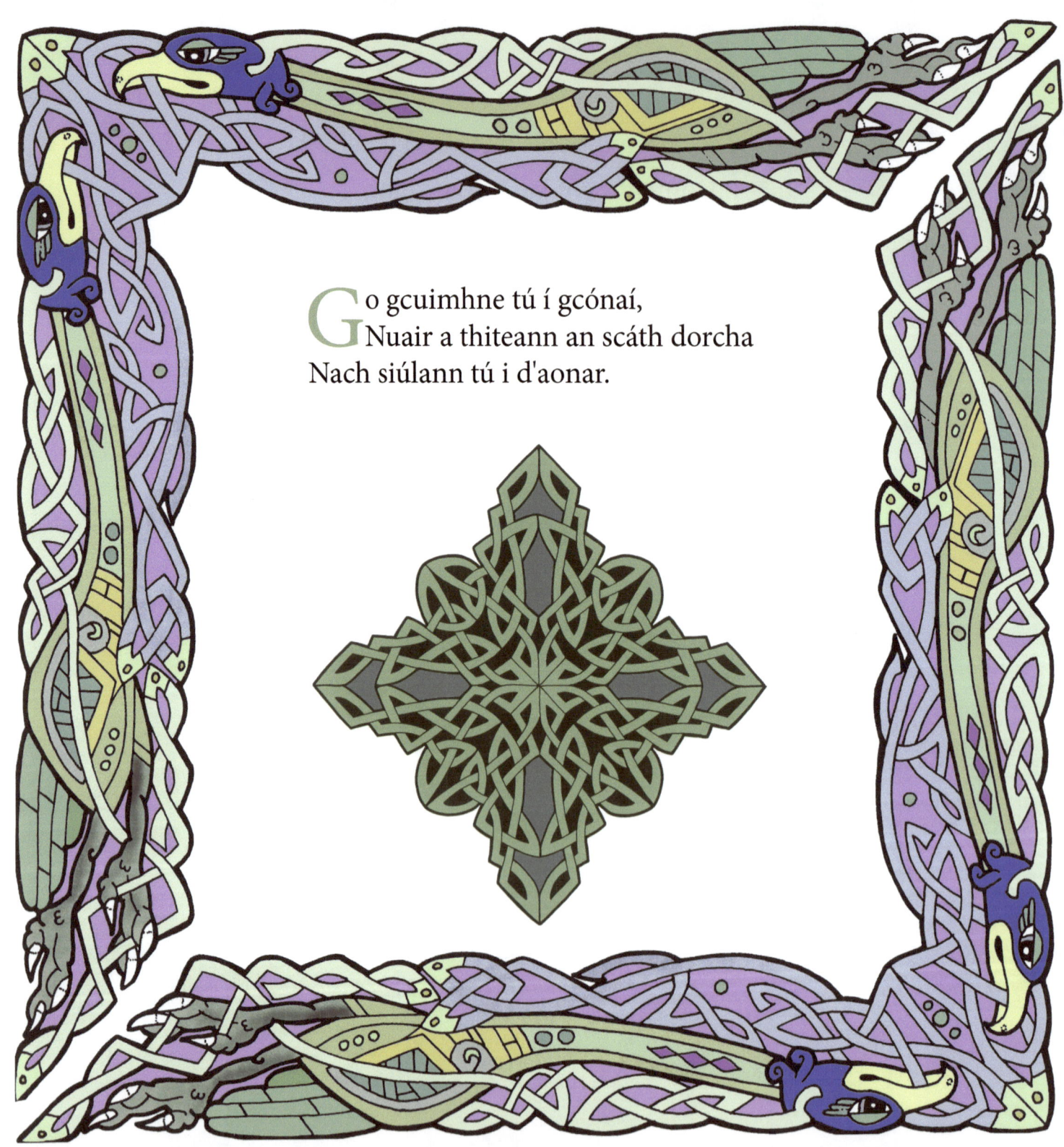

Go gcuimhne tú í gcónaí,
Nuair a thiteann an scáth dorcha
Nach siúlann tú i d'aonar.

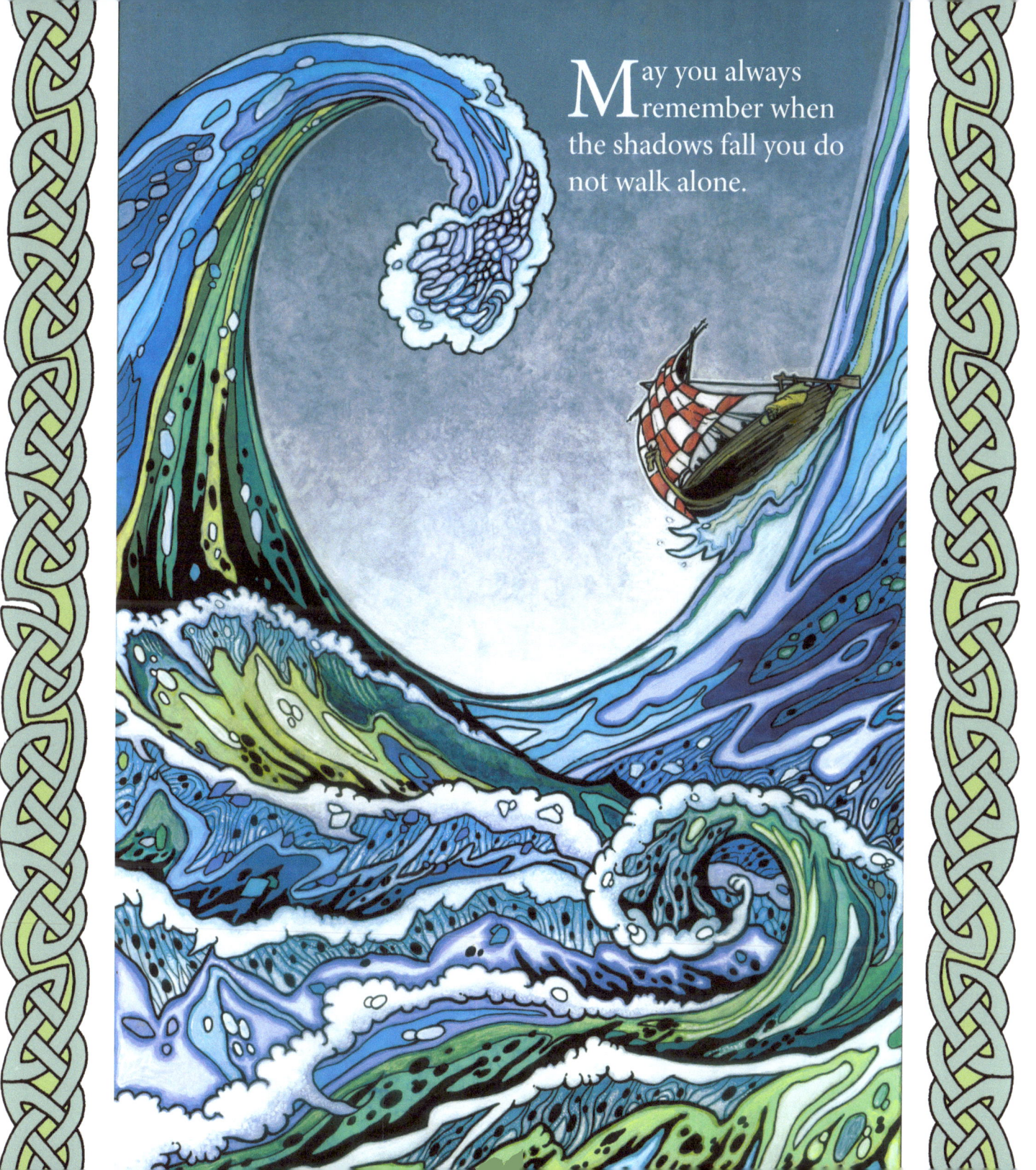

May you always remember when the shadows fall you do not walk alone.

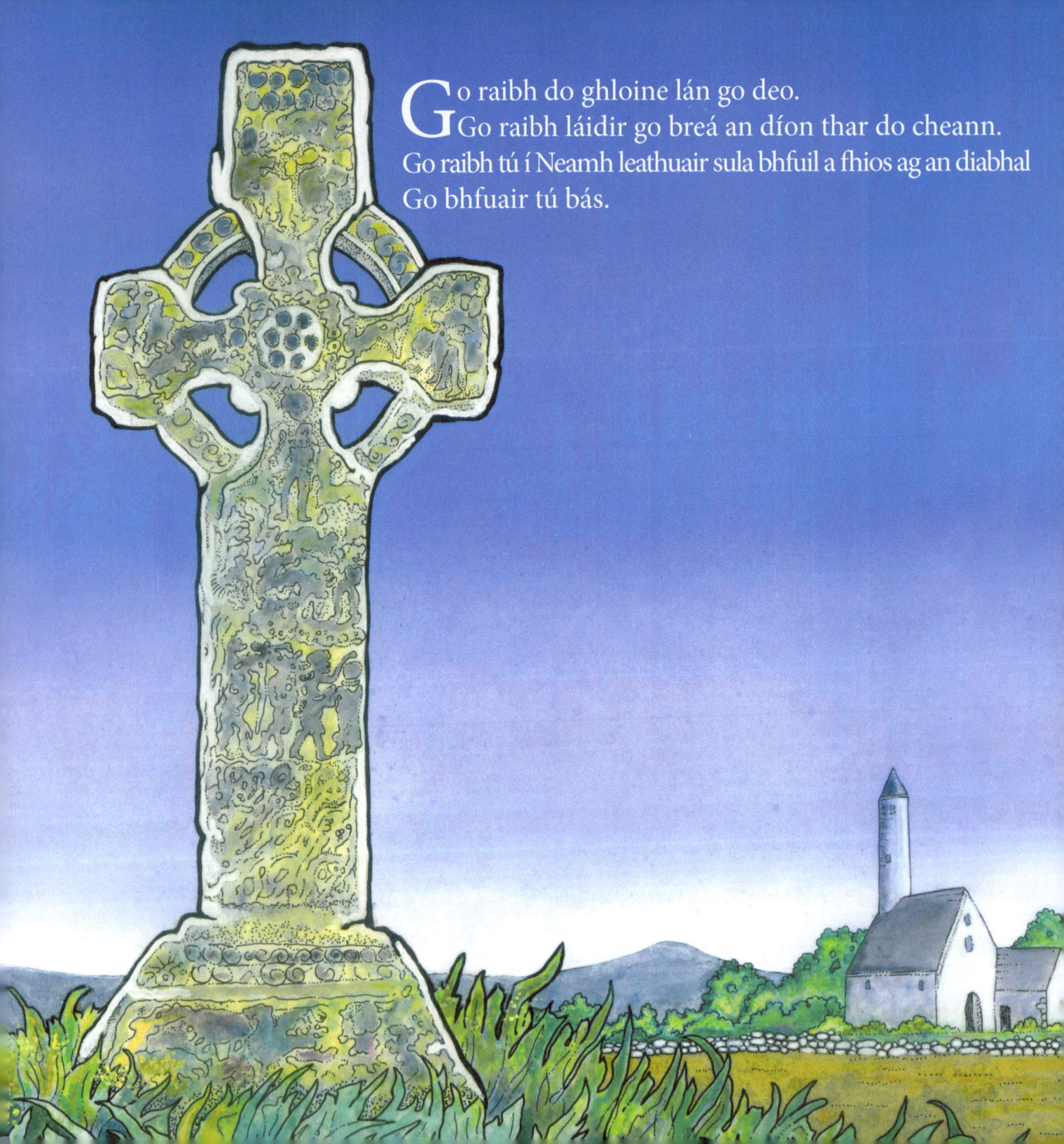

Go raibh do ghloine lán go deo.
Go raibh láidir go breá an díon thar do cheann.
Go raibh tú í Neamh leathuair sula bhfuil a fhios ag an diabhal
Go bhfuair tú bás.

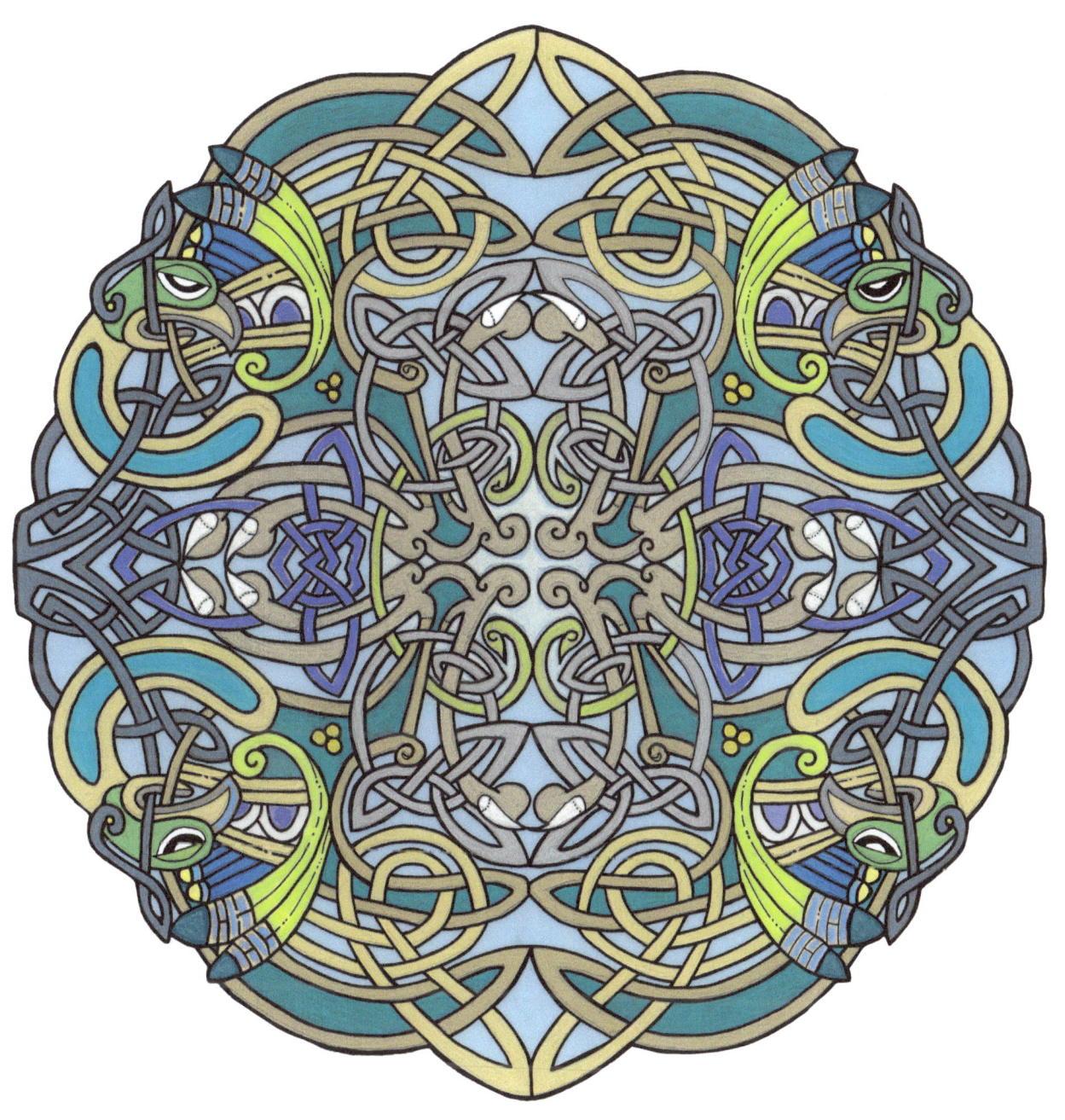

May your glass be ever full.
May the roof over your head be always strong.
May you be in heaven half an hour before the devil knows you're dead.

Ar líon gráinne gainimh ar an trá líon bhur laethanta bheo.
Go raibh grá Dé libh trí dhubh an tsaoil go geala é daoibh gach treo.
Mar síor-phíobaí bhur n-anamacha mar bhualadh bodhrán bhur gcroí.
Is na poirt is ríl iomlán bhur gcas' gur ó chéilí saol ar shlí.

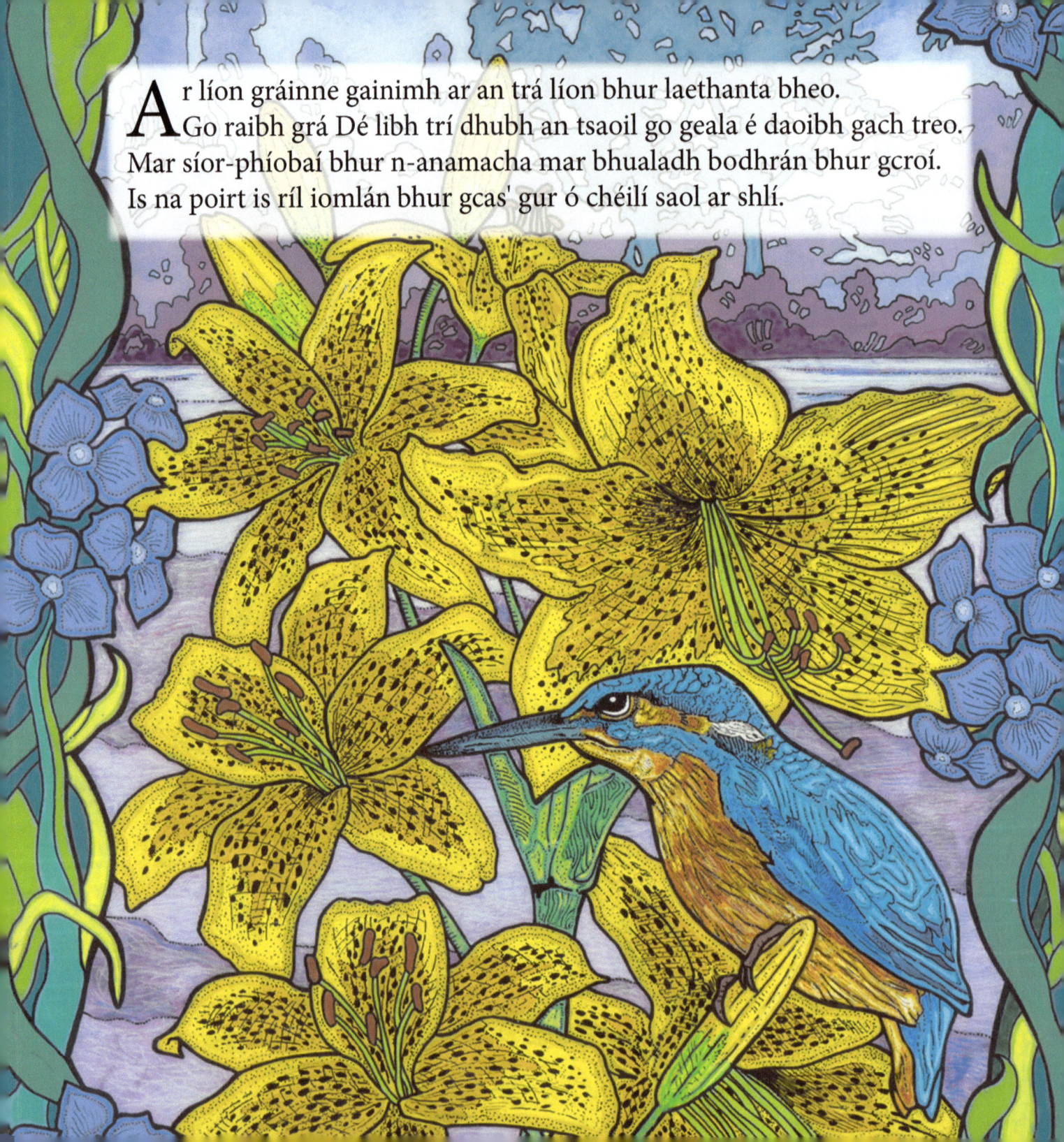

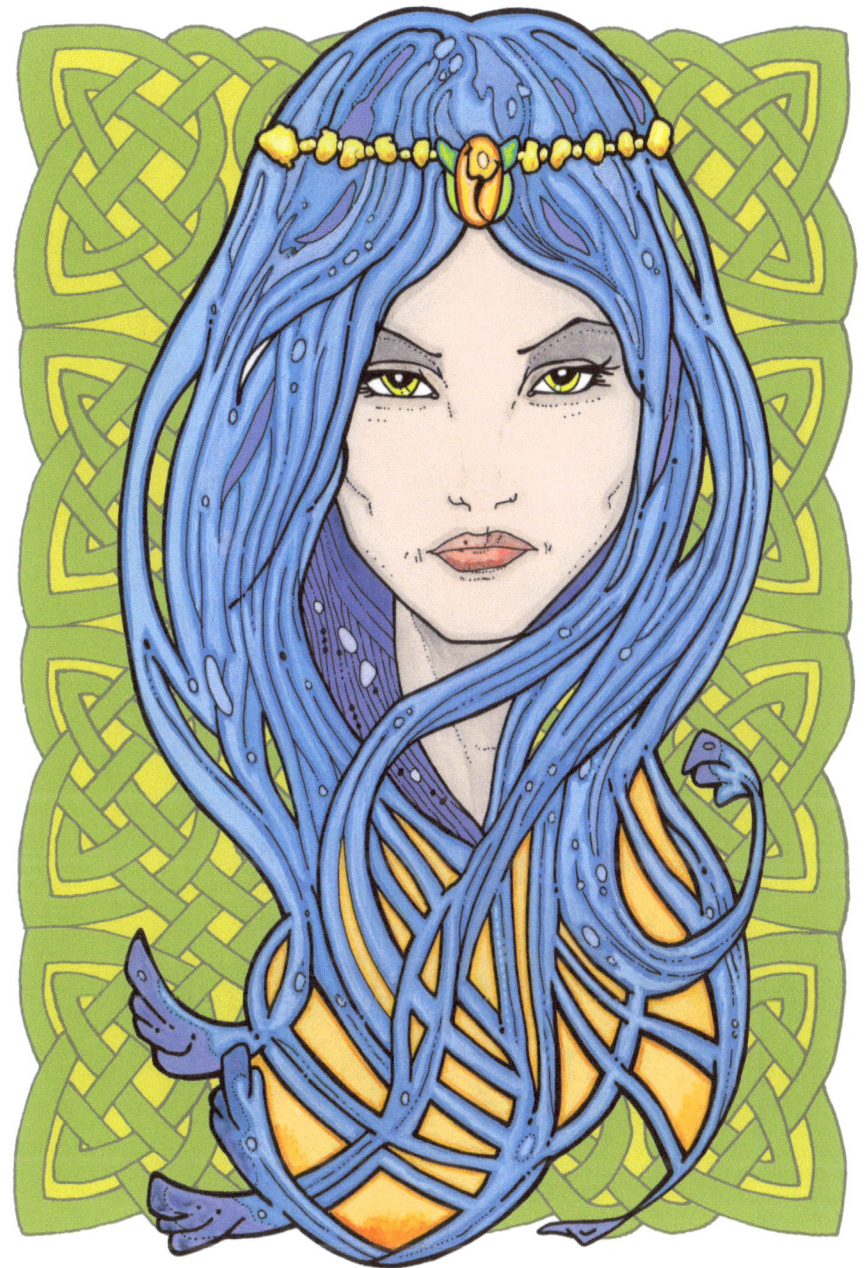

May the grains of sand upon the shore number all your days,
May the love of God in darkest times enlighten all your ways,
May the pipes forever be your soul and the bodhrán beat your heart,
And the jigs and reels your ups and downs till life's céile you depart.

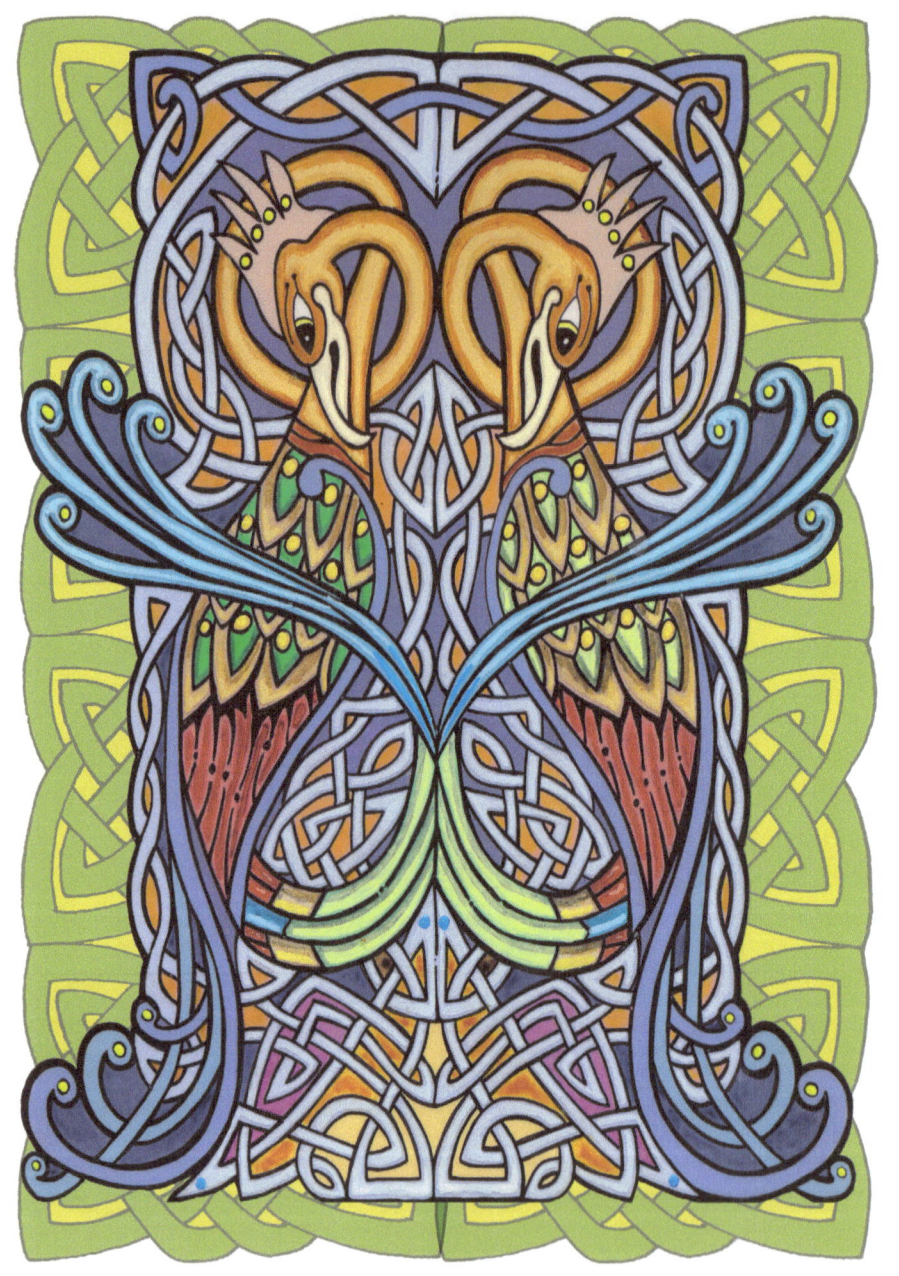

Beannaigh sinne, a Dhia. Beannaigh ár mbia agus ár ndeoch.
Ós tú a cheannaigh sinn go daor agus a shaor sinn ó olc,
Mar a thug tú an chuid seo dúinn,
Go dtuga tú dúinn ár gcuid den ghlóir shíoraí.

Bless us, O God.
Bless our food and our drink.
Since you redeemed us so dearly and delivered us from evil,
As you gave us a share in this food so may you give us a share in eternal life.

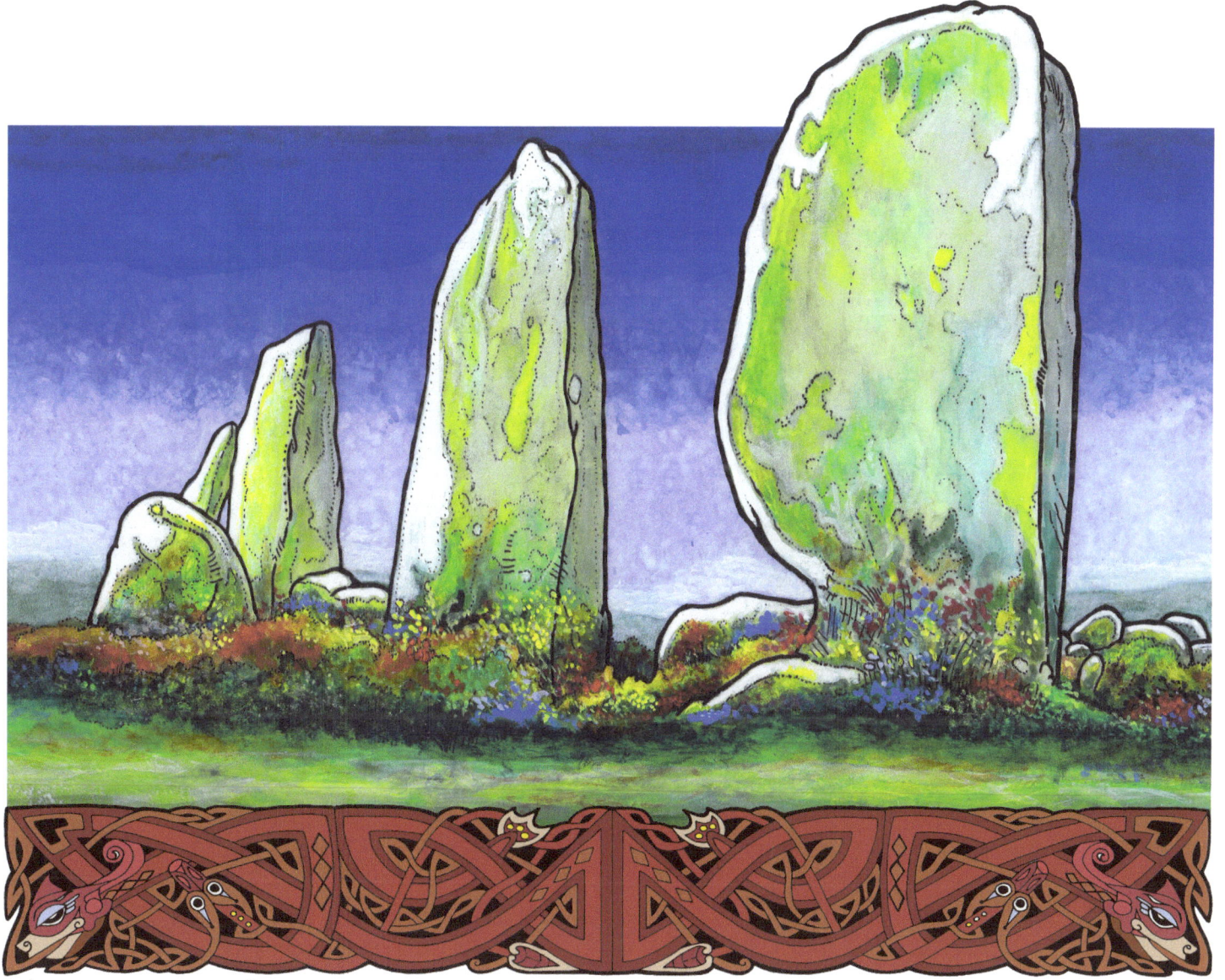

Eightercua Stone Row, Waterville, Co. Kerry

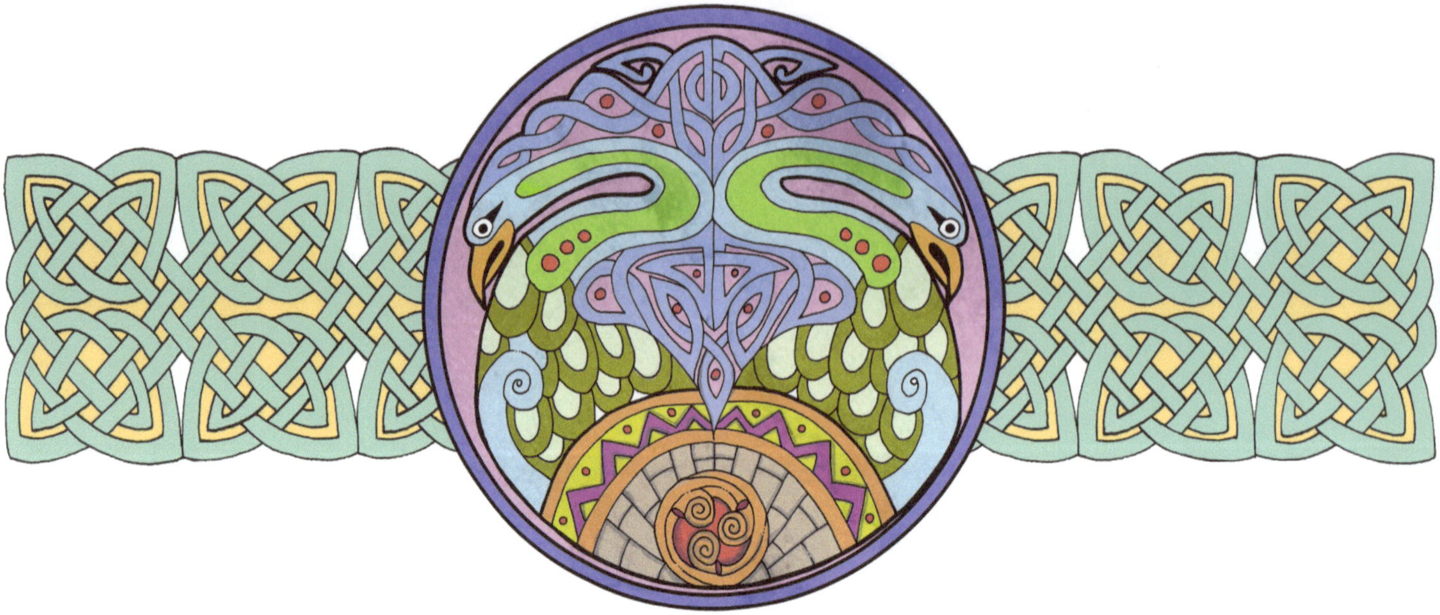

Go mbeannaí an Tiarna sibh, go raibh Sé mánla libh, go soilsí a aghaidh oraibh, agus go dtuga an Tiarna a shíocháin daoibh.

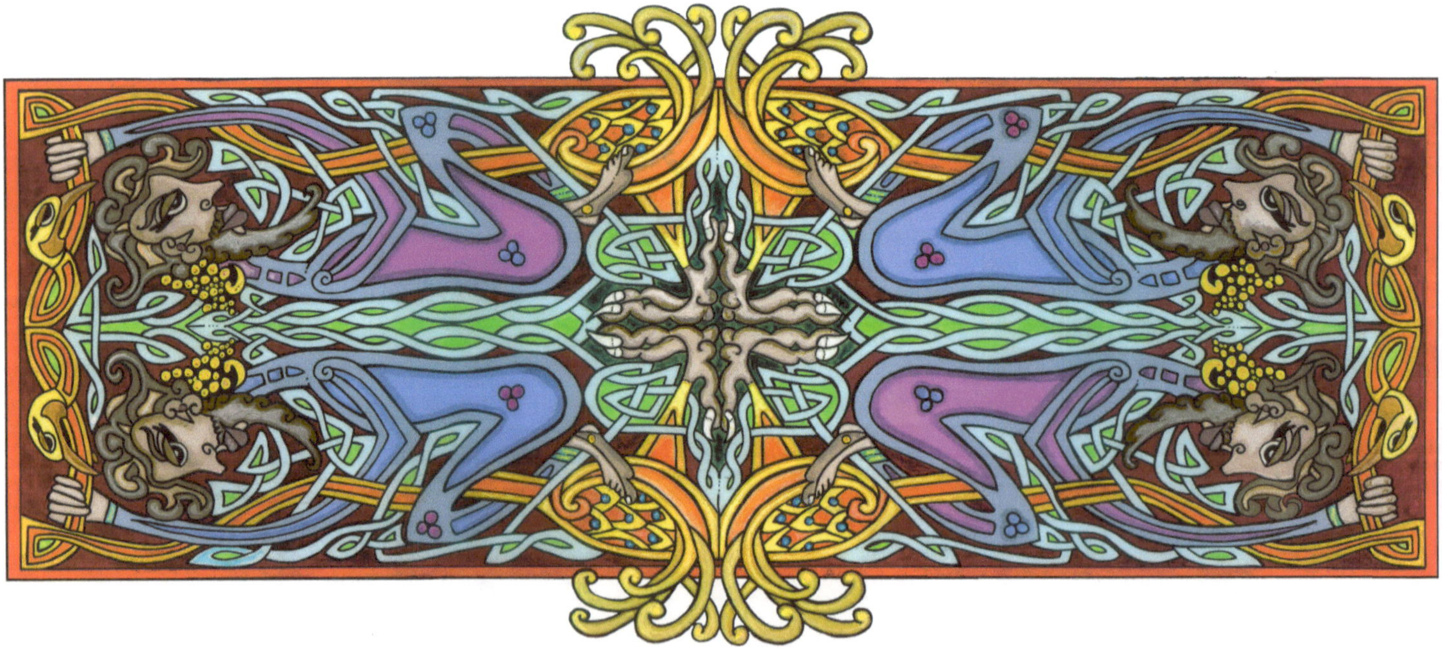

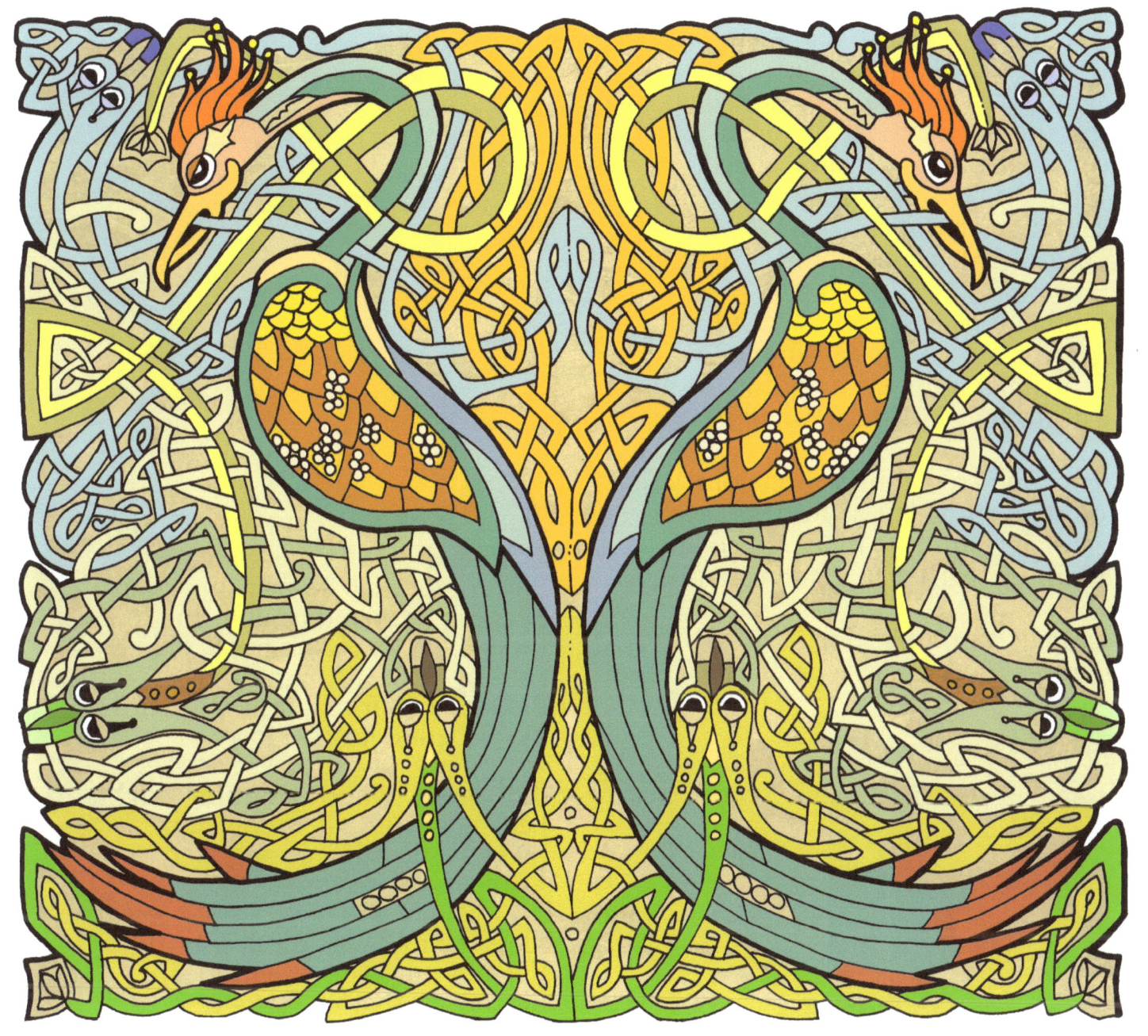

M ay the Lord bless you, be gracious unto you, make His face shine upon you, and may the Lord give you His peace.

Beannaigh an teach seo, guímid, a Thiarna,
Coinnigh slán é de ló is d'oíche,
Beannaigh na bhallaí seo, atá crua is leathan,
Ag connigh angar is trioblóid amach.
Beannaigh an díon is simléar ard,
Go luíodh Do shíochán os cionn uile.
Beannaigh an doras seo, go raibh sé
Oscailte go deo le haoibhneas 's grá.

Beannaigh na fuinneoga seo ar lonraí geal,
Ag ligint isteach solas neamhaí Dé.
Beannaigh an tinteán ar lasadh ansin,
Le deatach ag éirí suas amhail paidir.

Beannaigh na daoine a chónaíonn istigh,
Coinnigh sinn glan 's saor ó pheaca.
Beannaigh sinne go mbeimid go léir,
Feiliúnach, a Thiarna, chun cónaí Leat.

Beannaigh sinn uile don lá sin,
Go mbeimid a Thiarna, in ár gcónaí Leat.

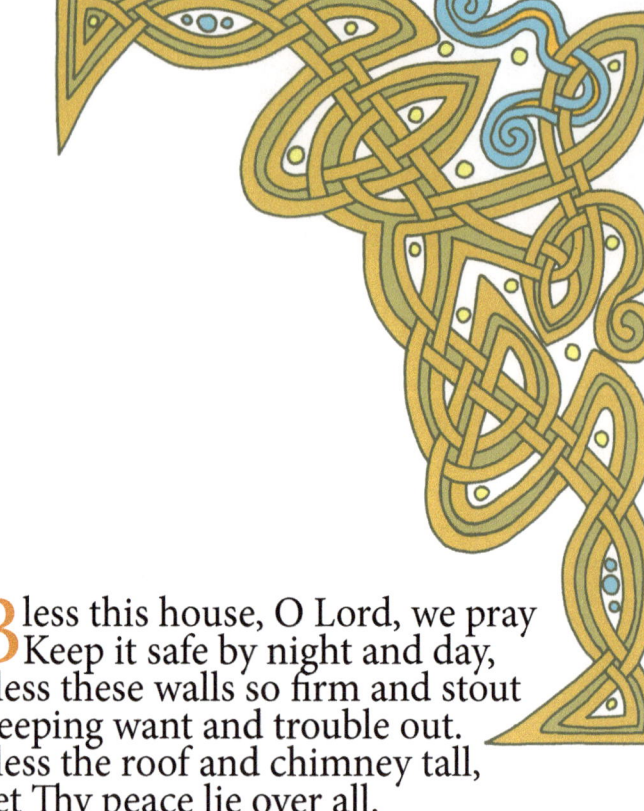

Bless this house, O Lord, we pray
Keep it safe by night and day,
Bless these walls so firm and stout
Keeping want and trouble out.
Bless the roof and chimney tall,
Let Thy peace lie over all.
Bless this door that it may prove
Ever open to joy and love.

Bless these windows shining bright,
Letting in God's heavenly light.
Bless the hearth ablazing there,
With smoke ascending like a prayer.

Bless the folk who dwell within,
Keep us pure and free from sin.
Bless us all that we may be,
Fit, O Lord, to dwell with Thee,

Bless us all that one day we,
May dwell, O Lord, with Thee.

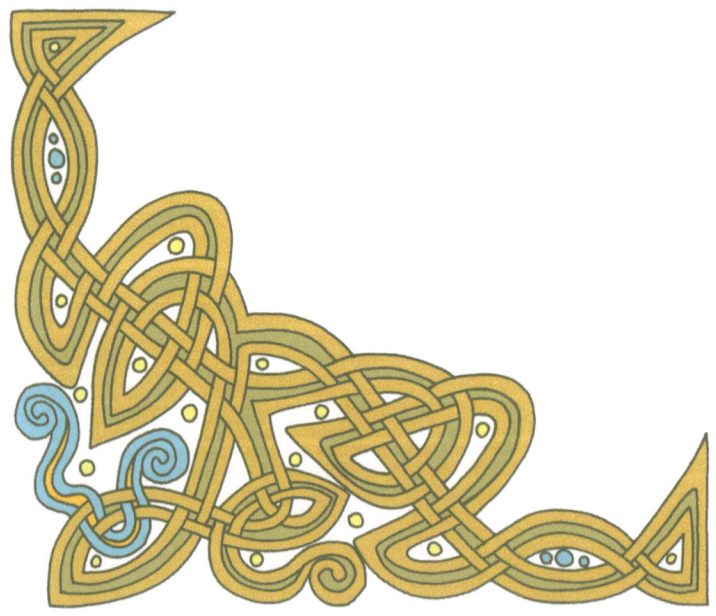

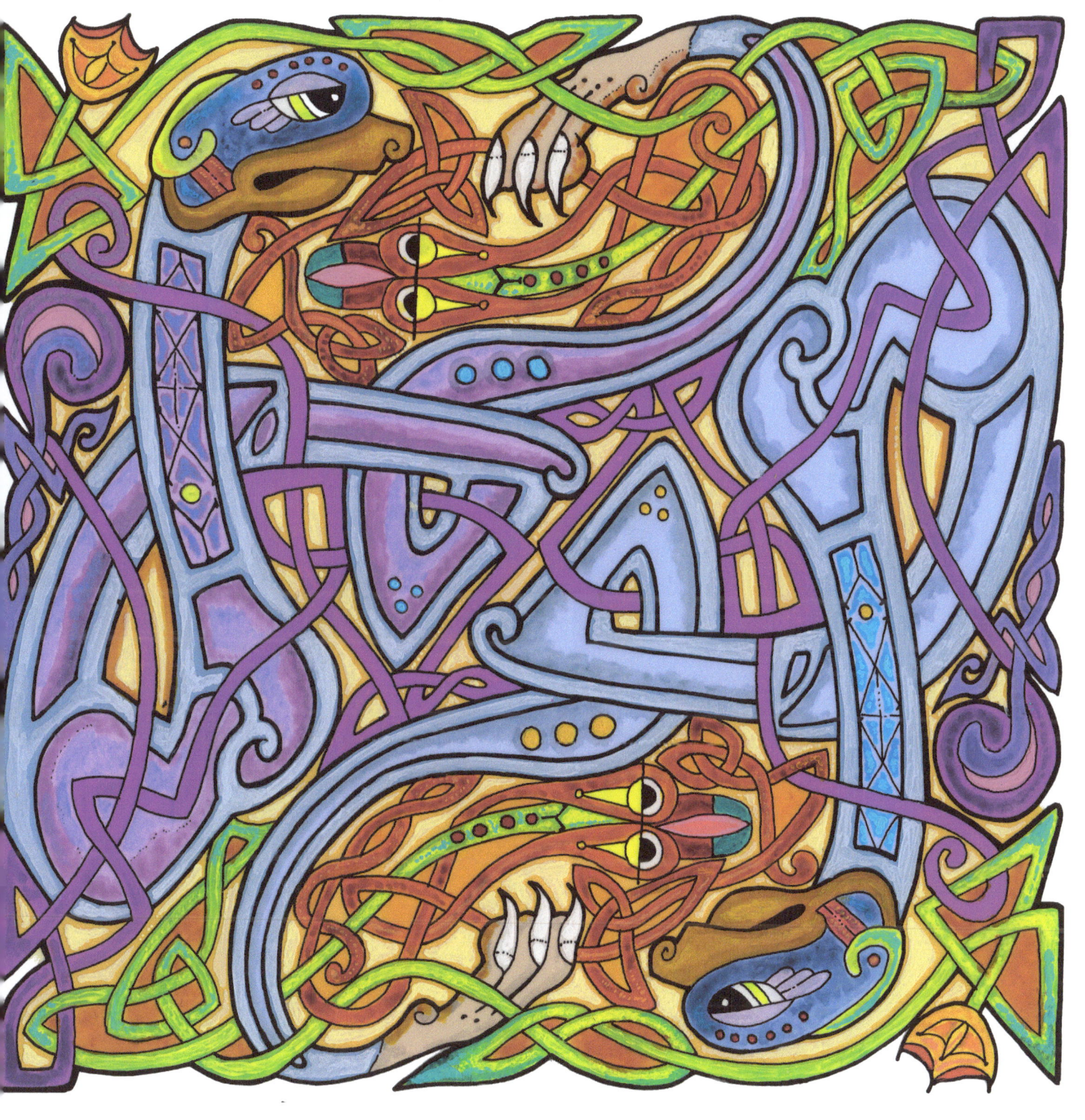

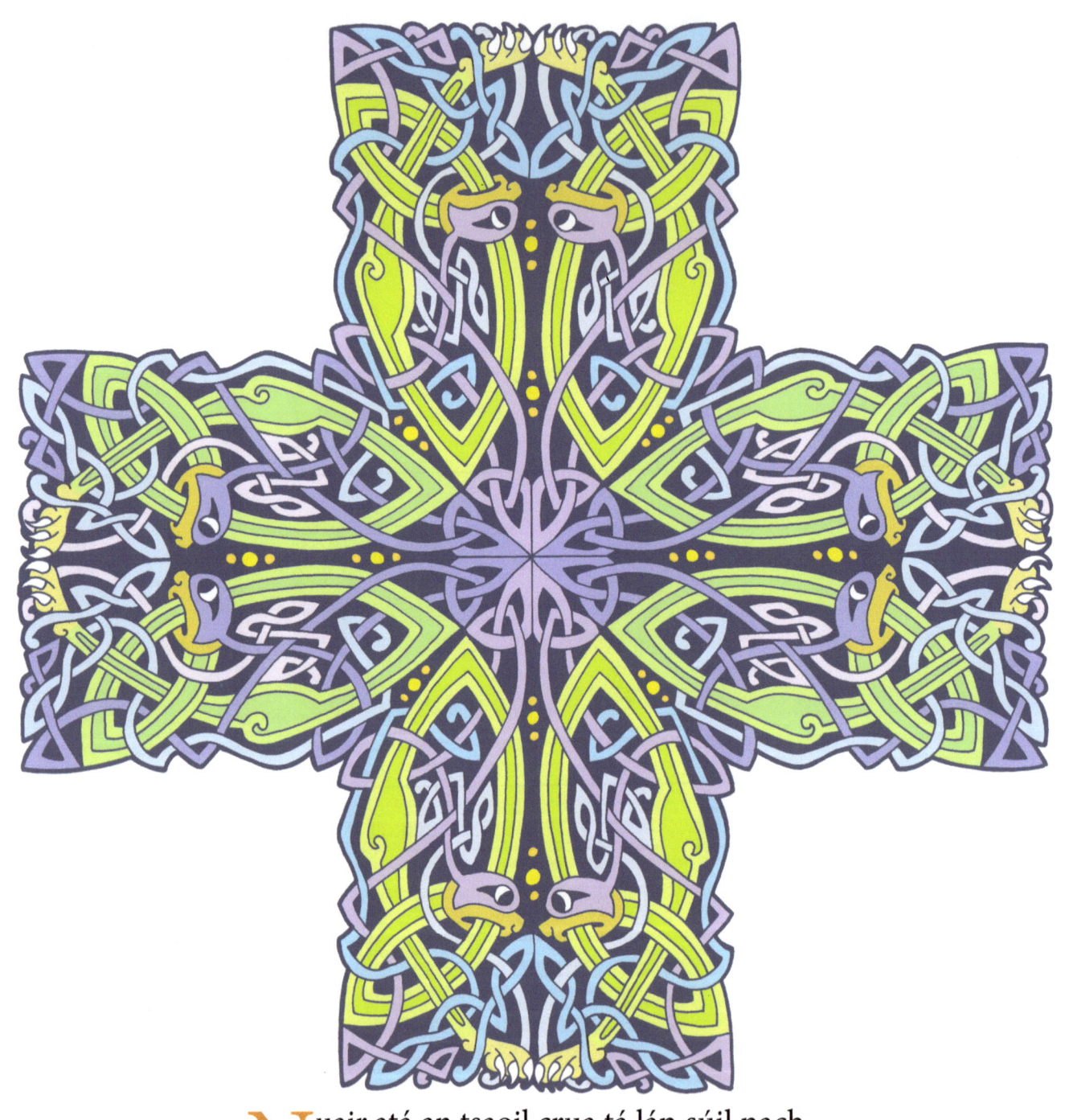

Nuair atá an tsaoil crua tá lán súil nach
ngcuireadh do chroí crua mar charraig.

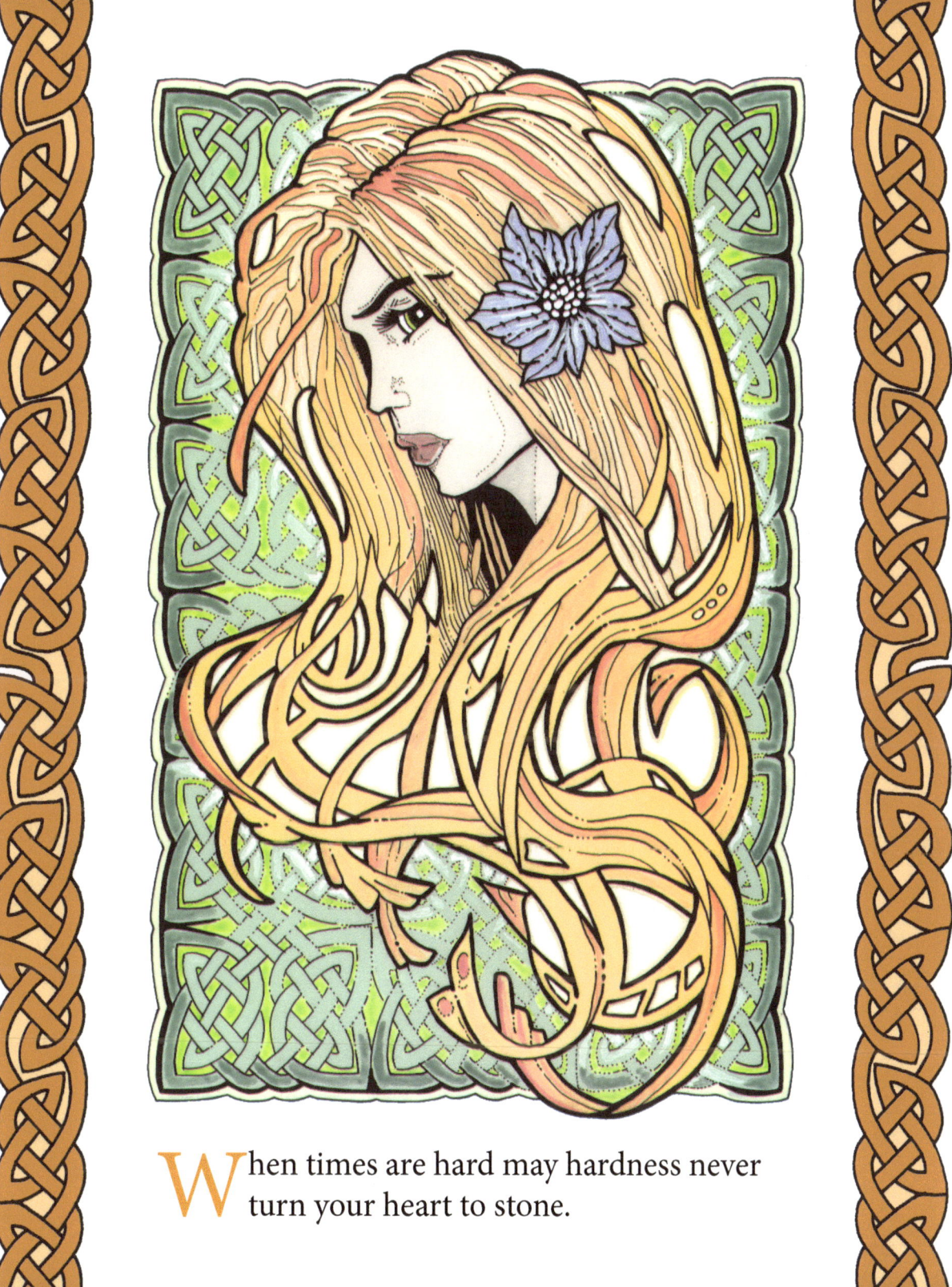

When times are hard may hardness never turn your heart to stone.

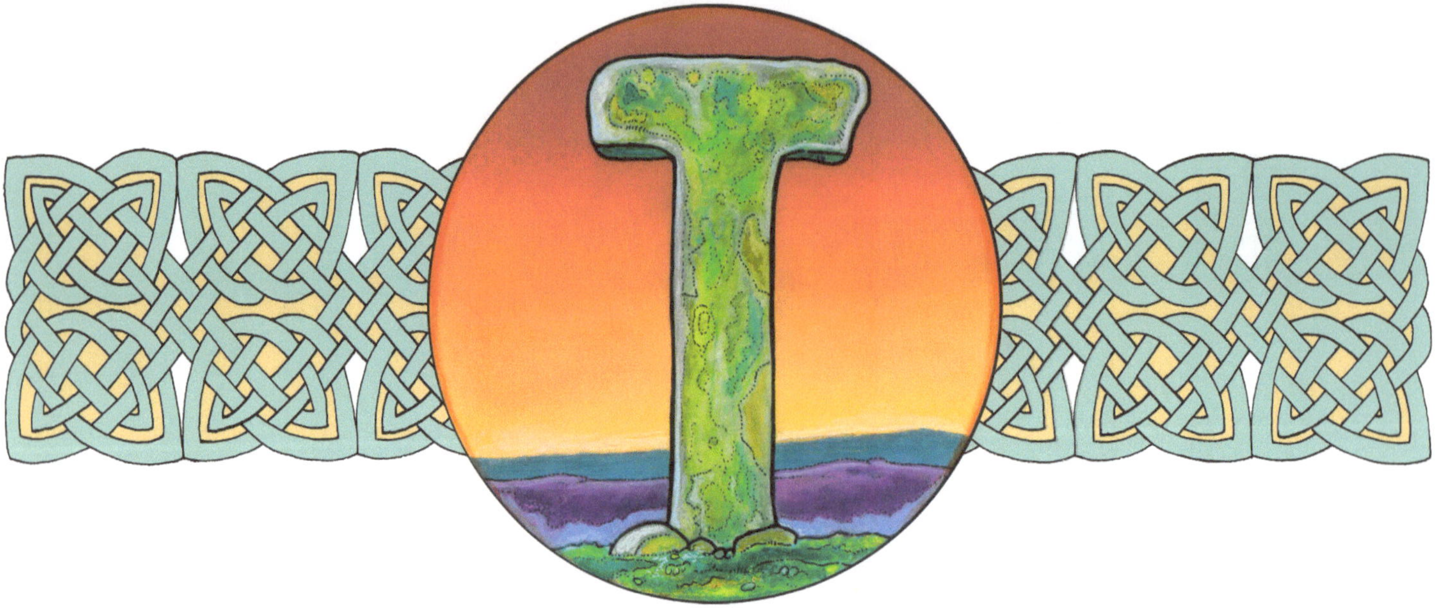

Go bhfeice tú solas Dé ar an gcosán romhat nuair atá
an bóthar a siúlainn tú dorcha.

May you see God's light on the path
ahead when the road you walk is dark.

Tau Cross, Tory Island, Co. Donegal.

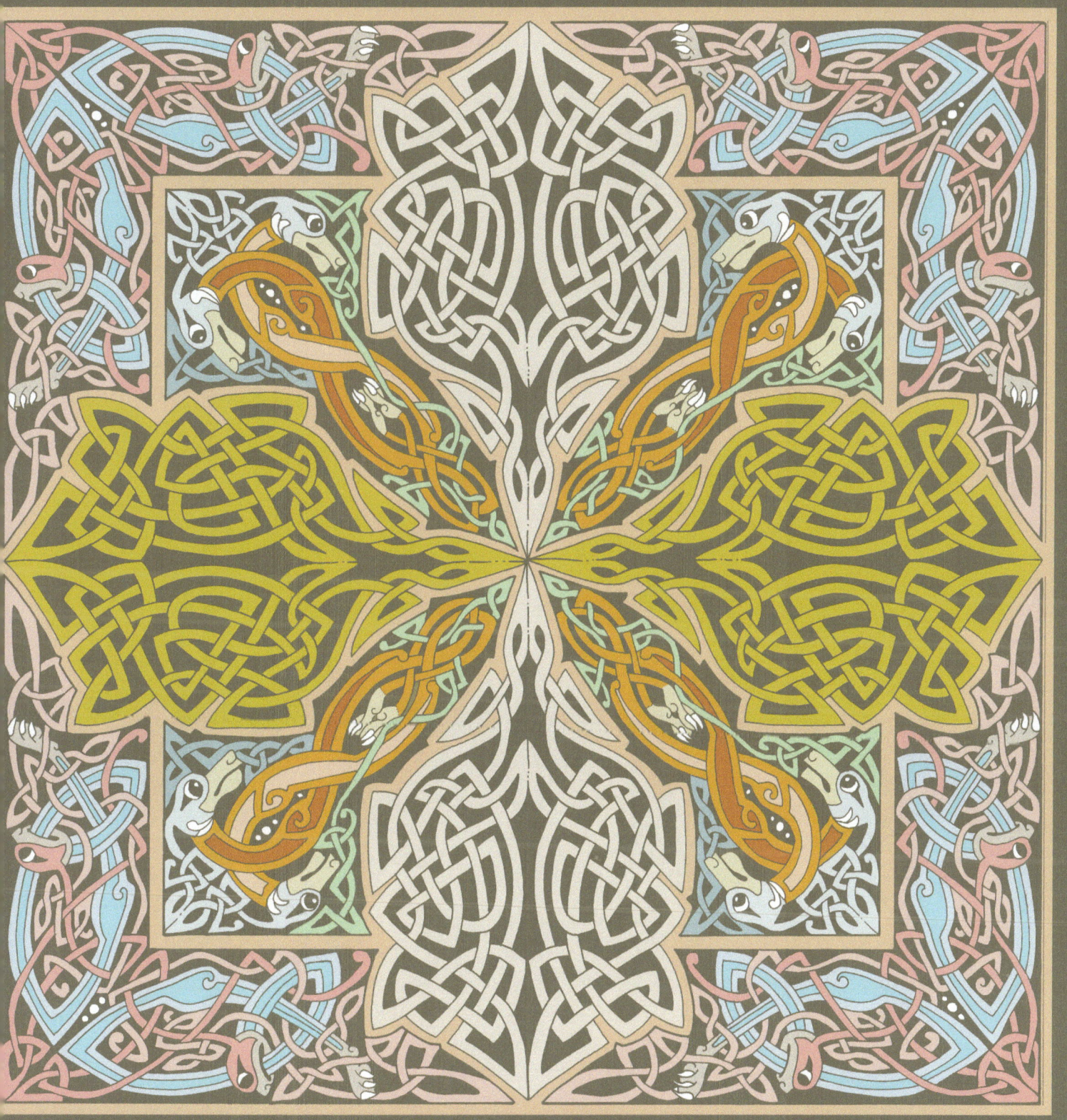

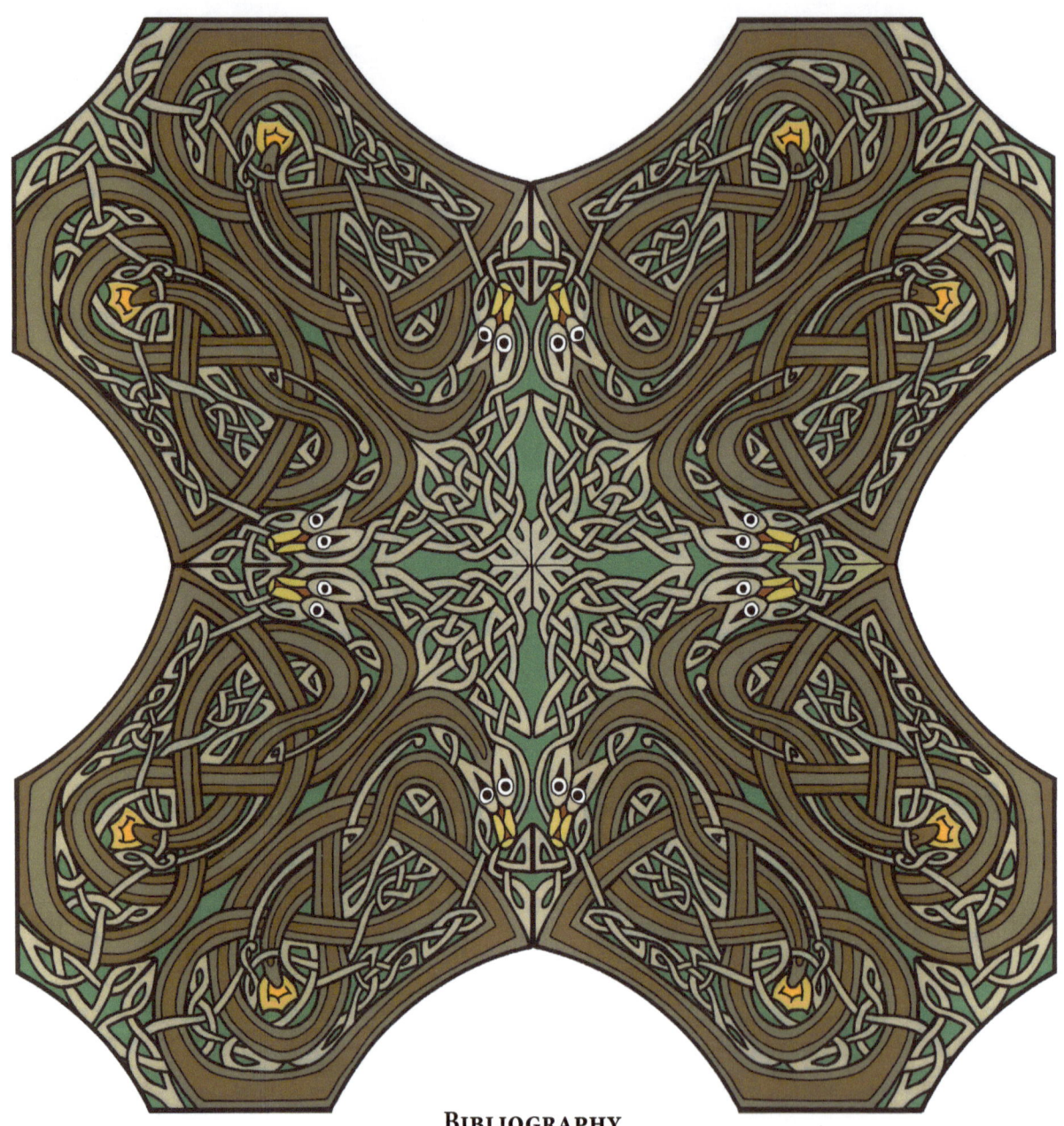

Bibliography

Matthews, Caitlín, : *The Little Book of Celtic Blessings* (London, 1994).

Murray, P., : The Deer's Cry : *A Treasury of Irish Religious Verse* (Dublin, 1986).

Ó Laoghaire, Dharmuid, : *ár bPaidreacha duchais* (Dublin, 1975).

Hyde, Douglas, : *Religious Songs of Connacht* (Dublin, 1906).

Mac Gearailt, Breandán : *500 Beannacht* (2003).